HOW TO BUILD
LEADERSHIP SKILLS FOR
TOP MANAGEMENT

HSU

帝王学の築き方

危機の時代を生きるリーダーの心がけ

大川隆法
Ryuho Okawa

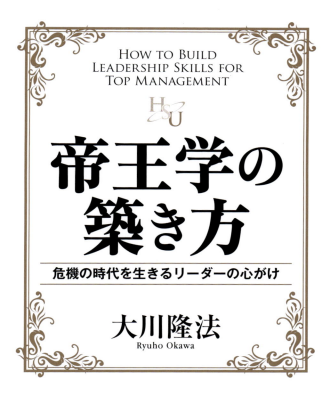

まえがき

前著『現代の帝王学序説』が、「社会人としての基本動作」や「社会人としての生き筋」程度の内容であったので、今回は少しレベルを上げるつもりだった。しかし、実際にやってみると「現代の帝王学」への道には依然《いぜん》遠いことがよくわかった。やっと「エリート入門」ぐらいのレベルである。しかし、あまり理論的な話ばかりしても身につかないことも多いだろう。「雑談の教育力」というものも結構あり、若い人たちに遠回しに物事の「理」を気づかせるメリットがある。故・松下幸之助氏がよく使った手だ。雑談や脱線、失敗談の中に、若い人たちに気づいてほしいヒントが隠されている。かしこい鶏《にわとり》はワラの下に隠されたエサを探し出してついばむのを好むといわれる。
本書の中にも帝王学の一部を感じとられる方が、きっといると信じている。

二〇一五年　一月二十日

幸福《こうふく》の科学《かがく》グループ創始者兼総裁《そうししゃけんそうさい》

HSU（ハッピー・サイエンス・ユニバーシティ）創立者《そうりつしゃ》

大川隆法《おおかわりゅうほう》

帝王学の築き方　目次

帝《てい》王《おう》学《がく》の築き方

――危機の時代を生きるリーダーの心がけ――

二〇一五年一月三日　説法《せっぽう》
東京都・幸福の科学　教祖殿《きょうそでん》　大悟館《たいごかん》にて

6　失敗を言うこと、とがめることの難しさ　84

帝《てい》王《おう》学《がく》の築き方

――危機の時代を生きるリーダーの心がけ――

二〇一五年一月三日　説法《せっぽう》

東京都・幸福の科学　教《きょう》祖《そ》殿《でん》　大《たい》悟《ご》館《かん》にて

1 〝若者のドジ学入門〟のようだった『現代の帝王学《ていおうがく》序説』

今回は『現代の帝王学序説』の内容の少し上を目指してみたい

二〇一五年、第一回目の説法《せっぽう》になりますけれども、「帝王学の築き方」というテーマを出してみました。

というのも、昨年、『現代の帝王学序説』（幸福の科学出版刊）という本を、H●SUのテキストの一部として出したのですが、実際は、帝王学まで届いておらず、〝若者のドジ学入門〟のような感じに仕上がっていたのです。

私としては非常に恥《は》ずかしく、「穴があったら入りたい」というぐらいの内容ではあったのですが、二、三カ所あたりのルートから、「評判がいい」とかいう

● HSU（ハッピー・サイエンス・ユニバーシティ）　「現代の松下村塾」として2015年に開学予定の「日本発の本格私学」（創立者・大川隆法）。「幸福の探究と新文明の創造」を建学の精神とし、人間幸福学部、経営成功学部、未来産業学部の3学部からなる（4年課程）。

話が来て、よけい落ち込《こ》んだということがありました（笑）。

確かに、失敗話を聞いたら喜ぶ方もいるのでしょうが、それは帝王学ではありません。帝王学のルートに入れない人のための前座講義であって、「こんなドジをいっぱい積んどったら、とうてい無理だよ」という〝門前払《ばら》いの法〟なのです。

そこで、今回は、もう少し上を目指そうとは思っています。

ただ、帝王学の本論までは、そう簡単にいかないような気がしていますし、この種のものは、ある程度、積み重ねていかねば出来上がらないものかと思いますので、「序説」よりは少しぐらい上を狙《ねら》いたいと考えています。

そういう意味で、「築き方」という題を付けましたが、「いよいよ山登りに入ろうか」というところであるわけです。

「人の上に立つ者の学」として「帝王学」を考える

もちろん、「現代において、『帝王学』などというものが成り立つのか」という考えもあるだろうと思うのです。

「もう民主主義の世の中だから、帝王なんていうのは、いやしない。帝王がいないのに『帝王学』があってたまるか」というような考えも、当然あるでしょう。

例えば、「天皇陛下《へいか》はいるかもしれないけれども、帝王というわけではないだろう」「総理大臣もいるけれども、帝王というには、あまりにもマスコミに叩《たた》かれたりしているし、いろいろと迎合《げいごう》したりしなきゃいけない。これも、帝王というにはきついじゃないか」「会社の社長といったって、大きな会社でも、すぐに責任を取らされたり、辞《や》めさせられたりするじゃないか」「『マスコミの帝王』かと思っていたところだって、いじめられることがあるじゃないか」というようなこともあるかもしれません。

そういう意味では、「現代に帝王がいるか、いないか」ということを言われると、難しいわけです。

一方、「宗教のほうは帝王か」と言えば、宗教も、けっこう叩かれたり、潰《つぶ》れたり、衰退《すいたい》したりと、いろいろなことが起きているのが世の常です。やはり、会社と同じような栄枯盛衰《えいこせいすい》の波のなかでもまれている状況《じょうきょう》であって、「永遠不滅《ふめつ》の宗教」など、そう簡単にどこにでもあるようなものではないでしょう。

たとえ、旧《ふる》いものであっても、まだまだ、いつも危機のなかに生きていると思いますし、〝百年もの〟の宗教であっても、現在、十分に危ない状態にあるように感じられるのです。

もちろん、外国を見れば、ロシアのプーチン大統領が「帝王」のようにいわれることもありますし、中国の習近平《しゅうきんぺい》国家主席も「帝王」のようにいわれることもあります。ただ、たいていは、悪い意味で「帝王」と使われることが多いので、私が説こうとしている「帝王学」の趣旨《しゅし》に合っているかどうかは分かりません。

私は、歴史的に、よい意味で評価されていたかたちでの帝王学として、「人の上に立つ者の学」を考えています。やはり、国を治めたり、組織を治めたり、会社を治めたり、あるいは、リーダーとして、人々を率いていく者になっていくための、「学校では教《おそ》わらない学問」というものがあるでしょう。そうした「生きた学問」というか、「人生の学問」というものがあるだろうと思うのです。

これには、ある意味で、天性の才能という面もあるかもしれません。要するに、「愚鈍《ぐどん》かどうか」「自己本位の性格で、わがままになっているかどうか」、あるいは、「人の気持ちが分かるかどうか」というようなところもあるでしょう。

ただ、後天的な要素もないわけではないのです。

勉強すれば賢《かしこ》くもなることもありますし、性格にしても、「どういう人たちと交わってきたか。どういう人たちに育てられてきたか。鍛《きた》えられてきたか」ということによって変わってくる場合もあります。

先天的なものがあることは、ある程度、認めざるをえないとは言えますが、それは、結果論的に、神仏《しんぶつ》の御加護《ごかご》の賜物《たまもの》として感じることです。やはり、生きている人間としては、「トップを目指す者の心がけ」というようなものを、今世、学び取っていくことが大事なのではないでしょうか。

そういう意味で、年初ではありますが、やや厳しめに引き締《し》めて、今年のスタートを切っていこうと考えている次第《しだい》です。

2　「帝王学《ていおうがく》」は自分に厳しくあることの勧《すす》め

「世界一の借金」を抱《かか》えながら、バラマキを続ける日本政府

さて、日本の国を見れば、一千兆円を超《こ》える国家債務《さいむ》を抱《かか》えているような状況《じょうきょう》です。今の日本には、「世界一」と付くものがあまりないのですけれども、国の借金（債務残高の対GDP比）という意味では、文句《もんく》なしの世界ナンバーワンで、ダントツを誇《ほこ》っているわけです。まだ世界に誇れるものがあるということに、なかなか心強く思うものはあるのですが、「借金で世界一」というのは、そんなにかっこいいものではありません（笑）。

しかも、借金で世界一でありながら、選挙をする度《たび》、民衆の歓心《かんしん》を買うための

ポピュリズムとして、どの政党も、バラマキ政策をしないかぎり勝てない状況にあるのです。

しかし、個人がお金で票を買ったら「買収《ばいしゅう》」に当たるので、もちろん犯罪として立件されるのですが、国家レベルで国民を買収した場合は、「立派な政策」ということになり、大衆の人気を取ったということになります。つまり、「規模が大きくなれば犯罪ではなくなり、小さくなれば犯罪になる」という傾向《けいこう》があるのです。

これは、「人殺し」も同じでしょう。個人で人を殺したら、殺人罪として、死《し》刑《けい》か無期刑か、かなりの重罪になりますが、国家レベルで戦争をした場合、国家の防衛や、国民を護《まも》るという立派な大義が立つので、犯罪にならず、英雄《えいゆう》になったりすることも出てくるわけです。

そのように、人間は、大きくなったら見えなくなるということがある一方で、小さいものはよく見えるということでもあろうかと思います。

今、やや辛口《からくち》で、話をスタートしているわけですが、現在の政府は、巨大《きょだい》な債務を背負いつつ、法人減税も始めています。さらに選挙民の歓心を買うべく、いろいろな面において、あの手この手で、バラマキ政策を考えているところであろうかと思います。

実際に、世間《せけん》では困っている方もいますので、そういう人たちにとって福音《ふくいん》であることは否《いな》めないでしょう。そういう人たちを見るにつけても、ありがたい面もあるのかなとは思うのです。

例えば、家もなく、泊《と》まる所もなく、カプセルホテルやインターネットカフェ、マンガ喫茶《きっさ》などを宿《やど》にしながら、ときどきフリーターのように働いている人もいる世の中ではあります。そういう意味では、国策として、国民の底辺の部分を救おうとしていること自体は、よいことかもしれません。

会社経営者の立場からは「大甘《おおあま》」に見える国の政策

もちろん、そうした全体的な傾向のなかで、帝王学《ていおうがく》の一部としては、国家の宰《さい》相《しょう》から大臣、国会議員、あるいは、知事や、県会議員、市会議員、その他、いろいろな立場にある人たちの心構えもあるかと思います。ただ、国民の側では何らかの会社に属しているような人も多いでしょうから、一方で、会社経営者の立場から国の政策を見るかぎり、やはり「大甘《おおあま》」なわけです。

はっきり言って「大甘」で、もし国が会社のレベルであれば、このようなものは、とっくに倒産《とうさん》・破産のレベルに入っているでしょう。そうでありながらも、まだ、サラ金に手を出し、借財《しゃくざい》を重ねながら、ばら撒《ま》いて、お客さんをつなぎ止めようとしているような状態の会社だと思います。

もちろん、国である以上、会社のようにはなりません。よい〝お客さん〟に恵《めぐ》まれており、国民が単一民族で日本国籍《こくせき》からなかなか逃《に》げようとはしないわけです。この島国から逃げられず、ほかにお金を置くところもないので、「国に預けてあれば安心だ」と思い、国家と心中《しんじゅう》するつもりで、「国債」というかたちで国にお金を預けてくれているのです。

要するに、「とりあえず心中するときには、国民も国家も一緒《いっしょ》だ」といった運命共同体というところで支えてくれているので、国としては、すぐに潰《つぶ》れるような状況にはありません。しかし、会社として見た場合には、潰れてもおかしくないレベルだと考えてよいでしょう。

そういう国家の台所事情であるにもかかわらず、大盤振《おおばんぶ》る舞《ま》いが行われ、選挙に勝つために、あの手この手で〝合法的〟な組織的買収がされています。そして、そういうなかで選挙戦を行い、「勝った」と称《しょう》して、またポピュリズムを推進している政治が続いているわけです。

もちろん、企業《きぎょう》の側としては、一時しのぎに、いろいろな国策で助けてもらえることはあろうかと思います。ただ、国の政策の全部が失業対策になっているようでは、話にならないと言って間違《まちが》いありません。

現在は、放置すればほとんどが失業者になるので、「失業者を出し、失業者に対して補償金を払《はら》うよりは、企業を補助して、企業で何とか雇《やと》ってもらっているほうがましだろう」というような事情でやっている感じではないでしょうか。

「自分の帝王学《ていおうがく》を築く」とはいかなることか

そこで今日は、そういう客観的情勢をよく踏《ふ》まえた上で考えを述べたいと思います。おそらく、話を聞くのは、主として企業経営者のほうでしょう。首相や大臣などは聞きはしませんし、言っても届きませんので、そのへんは、ほどほどに相手をすることとします。

この声が届く範囲内《はんい》で、企業経営者や、それを目指している方、あるいは、企業幹部ではないけれども、将来の幹部としての志《こころざし》を持っているような方に、多少なりとも参考になる話ができればよいと思っています。

そういう意味で、単なるドジ話や失敗話の集大成ということではなくて（笑）、もう少しリーダーとしての自覚を持った、責任ある仕事をする人間のつくり方というか、そうした心的態度の形成についての話ということになるでしょう。

まだ、「帝王学《ていおうがく》」と言うには、レベル的に小さいかもしれませんが、小さくともヘビはやがて大きくなるし、天に昇《のぼ》れば龍《りゅう》になることもあるかもしれません。そのように将来は分からないのです。今は力がない者であったり、無力な者であったりしても、志を捨てなければ、いずれ大を成し、世間に影響《えいきょう》を与《あた》えることもあります。自分の会社のみならず、他の会社や、国民の多くにも影響を与えるような人材が育ってくることも当然ありましょうから、そういう意味での、「リーダーのつくり方」「鍛《きた》え方」「あり方」といったものを話しておいてもよいのではないかと思います。

今、会社を経営している方の多数は、「何とかして景気が上向《うわ》きになってくれたらいいな。景気が上向きになったら、商売もうまくいって、給料も上げられるし、会社も発展するんだけどな」と思っているでしょうし、国は国のほうで、「何とかして景気が上向きになってくれれば、財政再建もでき、税収も増えて、国民の支持率も上がっていいのにな」と思っているでしょう。きっと、お互《たが》いに、「どこかから風が吹《ふ》いてくれるといいな」と思っている状況ではないでしょうか。

確かに、そういうこともあって、風が吹かない場合ばかりではありません。台風が吹くこともあるぐらいですから、台風ならざる、心地《ここち》よい春風が吹くことだってて当然あるわけです。

しかし、そうした〝風頼《だの》み〟だけでいてはならないでしょう。「帝王学を目指す者は、追い風ばかりを常に受けて進むことを考えてはならない」と考えています。

そういう意味では、「自分の帝王学を築く」ということは、やはり、「自分自身に対して厳しくあることの勧《すす》めでもある」ということです。

年頭に当たって、厳しい話をするのは、やや忍《しの》びないですが、あまりおめでたい人間ばかりつくってもいけませんので、多少は厳しめにスタートすることも一つであると考えています。

「運頼《だの》み」ではなく、自分たちがなすべきことをしていく

もちろん、景気がよくなって、国策がうまく効き、すべてがうまくいっている状況であれば、別に言うことは何もありません。しかし、「小なりといえども会社を経営して、多くの人たちの生活を預かり、家族の将来を預かっている者とし

ては、運がよくなればそれに越《こ》したことはないにしても、そういうものに頼《たよ》らずして、自分の考え方や心構えで道を開いていく自覚をつくらねばならない」ということは、少なくとも言っておきたいのです。

さらに具体的に述べましょう。

おそらく潰れかけの会社は、現に数多くあるでしょうし、これからもたくさん出てくるだろうと思います。そうしたなか、政府は梃《てこ》入れして、お金を潤沢《じゅんたく》に出し、ゼロ金利を続けて、お金を〝ジャブジャブ〟にしています。また、今の政権は、法人税減税に入ろうとしており、将来的には、その間に景気を回復させ、消費税を上げて、少しずつ財政収支の改善をしていきたいという考えで取り組んでいるわけです。

ただ、こうした現実を見るかぎり、企業経営としては参考にしてはいけない部分だと思います。これを企業として見たらどうなるかといえば、「ドリームジャンボ宝くじ」などで五億円ぐらい当たることを目指し、街金融《きんゆう》から金を借りてきて、宝くじ売り場に並んで買っているような状況に近いでしょう。国家として、そのような〝経営成功学〟かと思います。

しかし、企業のほうは、自分の主体性で、ある程度、判断していけるところがありますので、基本的に、「運頼《だの》み」でやるべきではありません。やはり、自分たちでなすべきことをしていくことが大事です。

今、倒産予備軍に入っているところや、すでに倒産状態に入っているところ、あるいは、倒産して後片付けに入っているところもあるでしょう。また、これから失業者も出てくるだろうとは思いますし、もちろん、幸福の科学の会員のなかにも、会社の社長から失業者までいるでしょうから、いろいろな人を対象に説かねばならないとは思います。

なお、景気が順調なときでも、社内失業者というのは一定の率でいるものです。

だいたい大きな会社であれば、十パーセントや二十パーセントは、社内失業者を持っていますし、ひどいときには、半分ぐらいが社内失業者かもしれません。

したがって、景気全体の動向については、さまざまな指標が出ますけれども、それだけがズバリ自分の会社に影響すると思ったらいけないでしょう。やはり、景気には、いろいろな会社にとって、追い風になったり、逆風になったりするものがあるわけですから、それを知って、どんな天候下でも推進していくべき考え方を持たねばならないと思うのです。

そういう意味で、今日は、これから多発してくると思われる斜陽《しゃよう》産業や、潰れかけの会社等の社長になっている方、また、これからそうなるかもしれない予備軍の方、あるいは、転職の岐路《きろ》に立っている方など、いろいろな厳しい状況下にある方にとって考えるべきことを、一緒に考えてみようかと思っているわけです。

3 「厳しさの経営」が必要な時代

血路を開き、生き抜《ぬ》くためには「厳しい覚悟《かくご》」が必要

もちろん、「百戦百勝の経営学」と、景気のいいことも言ってはいますが（『「経営成功学」とは何か』〔幸福の科学出版刊〕参照）、「百戦百勝する」ということは、「真剣《しんけん》勝負で、百人と戦い、百人の相手を斬《き》り倒《たお》す」ということですので、それは凄《すさ》まじいことではあります。

そういう厳しい状況《じょうきょう》下で勝ち続けるということは、仕事上どうしても付き合わねばならない相手に損をかける、あるいは相手の利益を減らすような状況も来るということです。お得意様に損を呑《の》んでもらったり、利益を減らすことに耐《た》えて

もらったりしなければいけません。そうしなければ、「百戦百勝」はないのです。

また、「百戦百勝」というよりも、「倒産＝死」という観点で考えると、どうなるでしょうか。会社更生法《こうせい》などで救済の融資《ゆうし》が出ることもあることはありますが、一般《いっぱん》的に企業《きぎょう》は、倒産で死を迎《むか》えるわけなので、場合によっては、経営者も一家離散《りさん》したり、夜逃《よに》げしたりしなければいけないこともあります。

したがって、そういう「死」に至る前に、何とかして血路を開き、生き抜《ぬ》かねばなりません。そういう状況を考えると、やはり、そうとう厳しい覚悟《かくご》でもって立ち臨《のぞ》んでいかねばならないわけです。

輸出入産業における景気変動の影響《えいきょう》を見る

円高になったり、円安になったりしますが、円高になると一般的には円の力が強くなります。例えば、外国から輸入をしている会社があって、一億円なら一億円の手持ち資金があれば、一億円で買えるものが増えるわけです。要するに、円が高くなると、ドル建《だ》てのものやほかの通貨建てのものが安く買えるため、大量に仕入れることができるのです。

もちろん、安く大量に仕入れて国内で販売《はんばい》するならば、販売は楽になるでしょう。一般的には、安く大量に仕入れて安売りをするとよく売れますので、輸入型の商売の場合、あるいは輸入を経由して国内商売をする者にとって、円高は「追い風」になることもあるのです。

したがって、必ずしも「円高で不況になる」とは言えません。

一方、輸出産業において、円安ドル高になるとどうなるでしょうか。

「一台一万ドルの車が、日本円で百万円だった」として、「一ドル百円であったのが、一ドル百二十円になった」とすると、この車を海外に輸出する場合、円安で売上が順調に伸《の》びれば、会社としては売上が増え、会社の売上が百億円だったところは百二十億円になり、一千億円のところは千二百億円になります。

トヨタのような会社でも、為替《かわせ》が一円動けば会社の利益が四百億円ぐらい上がったり下がったりすると言われていますが、円高、円安のどちらに動いても、何割かの企業にはプラスに働き、何割かの企業にはマイナスに働くというようなことはあるわけです。

また、円安の場合、輸入代金が上がるということは、輸出産業である自動車会社であっても輸入代金は上がります。要するに、材料である鉄鉱石や鉄板などの輸入代金が上がるので、それを加工し、車にして売って利益を出そうとしたら、それをつくらせる下請《う》け会社のほうにコストダウンを求めるようになるでしょう。

ですから、輸出産業であっても、すべてが丸儲《もう》けになるかといえば、必ずしもそうはならないところがあるので、下請け会社のほうに要求が突《つ》きつけられるようなこともあります。

それに対して下請け会社のほうは、残業を増やしたり、土日を返上したり、あるいは仕入れ先を考え直したり、いろいろしなければいけません。大きいところであれば何とか生き残れる場合もあるのですが、小さいところには、景気変動のしわ寄せがすぐに来ます。

だから、国策としては、そうした景気の変動、つまり円高・円安を人為的にいじる場合もありますけれども、その変動にかかわらず生き残るのは、それなりに大変ではありましょう。

経営者は、なりふり構わず生き抜かねばならない

そもそも、日本の大多数の企業《きぎょう》、九十九パーセント以上の企業は中小企業なのです。はっきり言って、零細《れいさい》企業も含《ふく》めた中小企業が九十九パーセント以上を占《し》め、大企業というものは一パーセントもありはしません。

また、「全体の七割ぐらいは赤字だ」と言われていますし、その九十九パーセント以上の中小企業のほとんどは、一族経営、同族経営になります。

つまり、次々と優秀《ゆうしゅう》な人が入ってきて経営担当者が交代していけるような人材潤沢《じゅんたく》な会社ではなく、「ボロ会社ゆえに親族でないと継《つ》いでくれない」というようなところが多いのです。そういうところが大多数でしょう。

一般の〝教科書〟を読めば立派なことがたくさん書いてあっても、それは世界に冠《かん》たる模範《もはん》的な会社に通用する経営理論や心構えであって、その九十九パーセント以上の中小企業　兼《けん》　同族会社にとっては、「現実には、なかなかそんなことを言っていられない」という面もそうとうあると思います。

そういう意味で、小さくなっていけば、とにかくなりふり構わず生き抜かなければならないので、あの手この手でやらねばならないこともあるでしょう。経営書に、「聖人君子《せいじんくんし》であれ」といくら書かれていても、現実にはできないこともあるだろうと思うのです。

できれば、絵に描いたような高潔な人物が経営者になり、大企業になっていくことが望ましいけれども、たいていの方々は、まだその発展途上にあって、完全な人格や完全な能力を求めることは不可能ではないでしょうか。それは、大企業であっても、実際には不可能な面がそうとうあると思います。

「大会社におけるリストラ」が意味すること

また、会社の業績がよく、周りの景気もよければ、上位にある経営者たちもだいたい緩《ゆる》むものです。「会社の経費で、いろいろなところで遊べる」というような時代を経験した人もたくさんいるでしょう。ただ、会社が大リストラを敢行《かんこう》しなければいけないときは、大会社であっても非常に厳しいものです。

中小企業において、一人や二人、あるいは五人辞《や》めてもらうのでも、たいへんつらい「涙《なみだ》の大決断」になると思いますが、大会社になると、辞めてもらう人も一万人や二万人、あるいは五万人というように、ものすごい数になります。もしかしたら、一つの町や一つの市が丸ごと失業者になるぐらいの数がドッと出てくるわけですから、それには責任を感じるでしょう。

例えば、二十万人ぐらいの会社であれば「五万人削減《さくげん》」などという案が出てこないとも限りません。二十万人、三十万人の会社でならありえるわけですし、五万人は多いとしても、三万人や二万人、一万人という数は十分に出てきます。

ただ、一万人といえば、ちょっとした町の全員ということです。私の生まれ故郷である徳島《とくしま》県川島町《かわしまちょう》（現・吉野川市《よしのがわし》）の人口は八千人弱でしたが、「一万人を解雇《かいこ》する」となると、その町全体よりも大きい規模ですし、三万人や五万人となると、小さい市が一つ消滅《しょうめつ》するぐらいの規模になります。

「リストラ」と簡単に言っていますが、内容としては、それくらいの人が職を失うということになるわけです。それぞれの人がいろいろなところに散《ち》って、小さな会社に職を求めに行かなければいけないのですから、非常に大変でしょう。

リストラをする前に企業《きぎょう》が打つ手とは

もちろん、その前の段階もあります。

今は、就活をしてもなかなか採用されず、学生は学生で大変な思いをしているでしょう。ただ、企業《きぎょう》のほうで、なかなか内定を出さず、採用しないのには理由があります。つまり、新しい人を採用しないほうがまだ楽なのです。

採用されないほうの人は、「競争もあるし、会社の事情もあって難しいのかな」、あるいは、「向いていないのかな」などと思うかもしれませんが、企業としては、すでに採用している人、会社のなかにいる人に辞めてもらうほうが、よほど難しいからです。

そういう意味で、企業は、まず新規の採用を止《と》めることから始めます。自然体であるときは、まず新規の採用を止めるのです。

次は、定《さだ》められた定年に来た人が順番に辞めて数が減っていくという、「自然減」を狙《ねら》います。会社の規模にもよりますが、新規に採用しないことに加え、定年で辞めていく人がいるのであれば、人員削減をしなくても、毎年毎年、だんだん一定の数ずつ減っていくことになるため、「経費削減」という意味での人員整理を自然の流れのなかで行えるわけです。

人事系の人たちが最初に考えるのはそういうことであり、あまり人員削減をしているところを見せないようにして、採用を絞《しぼ》り込《こ》んだり止めたりしつつ、ナチュラルに、辞める人に辞めてもらうようにしていくのです。

さらに、次の段階としては、希望退職者を募《つの》ります。まだ定年が来ていない人、定年より五年、十年早い人などを対象に、「それに応じてくれたら、定年まで勤めたときにもらえる退職金よりも高い額がもらえますよ」というようなことで希望退職者を募って早く辞めていただき、人件費を削減するのです。

定年の五年前、十年前、十五年前ぐらいの人であれば、ある程度給料が上がってきていますので、その人数を減らすと、目に見えて人件費減、経費減になります。退職金の分が増えるように見えても、それは一時的なものであり、その後は減っていきますから、楽になるわけです。

一方、新入社員の給料などは安いものです。二十万円前後しか払っておらず、このあたりについては大したことはありません。しかし、長くいる人の給料は高くなっているため、退職金を払ってでも辞めてもらえば、三年もすると全体の経費がだんだん軽くなってくるのです。

なお、一般的にボーナス制度を入れている会社が多いこともあり、「基本給のほうは、なかなか手を付けにくいので、夏と冬のボーナスのほうで調整する」という手を使うこともあります。日本では、過去、それをうまく使ってきました。例えば、従業員を納得《なっとく》させるために、「生活給のほうは基本給で、ボーナスの部分は景気の変動に合わせます。景気がよく、社業繁栄《はんえい》のときには多めに出しますが、厳しいときには、そちらのほうを減らして、会社の経費を抑《おさ》え、解雇を避《さ》けたりするための調整弁として使っています」ということで、労使の関係、労働者と使用者の関係の調整をつけたりすることもあるのです。

ただ、これに対して、組合側はよく、「給料だけが生活費ではないんだ。ボーナスの部分まで生活費として計算に入っているので、年収で考えなければいけない。みな、住宅ローンや学資ローンなど、いろいろなものについて、ボーナス分まで含めて考えていることもあるのだから、そちらまで入れるべきだ」というようなことを言うのですが、会社のほうは、「いいえ、基本給で生活を考えてください。ボーナス分はプラスアルファですから」というように答えるので、労使の交渉《こうしょう》が激しくなることはあります。

〝ユートピア〟を通り越《こ》している政府トップの大盤振る舞《おおばんぶるま》い

今の政府のトップのように、春闘《しゅんとう》も来ていない前の年の暮《く》れから、「来年の給料を上げてください」と言ってくれたり、「その翌年の給料も上げてください」などというようなことを言ってくれたりするのは、歴史上、非常に珍《めずら》しいことです。

確かに、過去には、池田勇人《いけだはやと》内閣のときに、「所得倍増計画」を掲《かか》げたことがありましたし、最近の中国では、実際にどんどんどんどん（所得が）増えたと思います。

やはり、成長期というものがあるため、そういうときに国家資金を投入して、インフラ整備をし、工場をたくさん建てたり、マンションを建てたり、学校を建てたり、いろいろなことをすれば景気がよくなっていくでしょう。

ただ、そういう時期もあるのですが、高度成熟社会になってくると、すでに投資は終わり、だいたいのインフラ整備も終わっているため、あまり効かなくなってくるのです。

そこで、先進国では、五十年ぐらいで建て替《か》えればよいものを三十年で建て替えにするなどして、「にわか需要《じゅよう》」を勝手につくったりします。あるいは、土地の掘《ほ》り返しや道路の掘り返しにしても、五年に一回掘り返せば十分なところを、毎年掘り返すなどしています。

そのように、失業者対策風にお金を流したりすることをたくさん行っているわけです。

つまり、不要不急のことをしてお金を使い、お金を回そうとしています。経済学が発展したために、通常の自然体ではない経済効果を起こそうとして、いろいろな理論を考え、やっていることが多いのです。

いずれにしても、今の日本は非常に〝面白《おもしろ》い〟です。

労組《ろうそ》に代わって総理が、翌年や翌々年の春闘の賃上げについて述べてくださるなどということは、まことに〝ありがたい〟ことでしょう。地上ユートピアを通り越《こ》してしまい、「ユートピアはもう終わった。ユートピアの〝次〟の段階に入っている」としか言いようがありません。

要するに、これは、「宇宙のどこかの亜《あ》空間が開いて、そこから無尽蔵《むじんぞう》にお金が流れ込んできている」としか思えないような状況です。

あるいは、「宇宙空間が開いてUFOが飛来し、空中から小判《こばん》を振《ふ》りまいて、姿も見せずに消えていくなどということが、毎夜行われているような状態に近い」と言ってもよいかもしれません。

さらに、総理はその大盤振《おおばんぶ》る舞《ま》いを、国内のみならず、海外に対してまでし始めています。「将来、その国が経済発展したら、日本との取り引きが大きくなり、国の経済の拡大に貢献《こうけん》するだろう」ということで、すでに海外でもバラマキ合戦が始まっているわけです。

甘《あま》い考えを捨て、「厳しさの経営」を知る必要がある

もちろん、私は「すべてがよくなるといいな」とは思います。「ビッグバン理論のように、『宇宙は発展し続ける』という前提の下《もと》に膨張《ぼうちょう》しているのだ。だから、地球も膨張し続け、グローバル経済も膨張し続けるのだ」というような夢が永遠に続くとよいでしょう。「国のトップが願うようになるといいな」と、心の底から願っています。

しかし、個々の会社に関しては、そういうものをあまり信じてはいけません。「年末に買った宝くじで五億円が当たったという初夢を、正月に見たようなもの

だ」と思わなければいけないわけで、実際は、「三百円もらえた」というぐらいがよいほうだと思います。

それで、「原価は幾《いく》らかかったんだ？」と訊《き》かれれば、「いや、ずいぶん買いました。十枚買って、三百円当たりました」と答えるような感じでしょう。「それで元《もと》は取れたのか」と言われても、「やはり損が出ていますね」というところだと思います。

宝くじを発売しているところが儲《もう》かるようになっているため、統計的には必ず客は損をするようになっているわけです。一部儲かった人がいる場合があるにしても、当たりくじなのにお金を取りに来ないで忘れる人がいるので、当局はその歩留《ぶど》まりまで儲けとして計算してつくっています。あちらはけっこうあざとく物事を考えているのです。

したがって、甘《あま》い考えを持ってはいけません。「〝宝くじ〟で経営をやろう」など思ってはならないし、「何かで急にヒットが出て、当たって大儲けが出る」というようなことを考えてもいけません。

厳しいなかで、ほかが当たらなくても、自分のところだけはどうしても周りが買わざるをえないというか、買ってしまうようなものをつくることです。あるいは、そういうサービスを提供する工夫《くふう》が必要です。

「順境のときには、誰《だれ》でも財布《さいふ》の紐《ひも》は緩《ゆる》いけれども、逆境のときは厳しい」ということを知るべきでしょう。そのときにお客様の悪口を言って、「ずいぶん冷たくなった」とか、「お見限りですか」とか、愚痴《ぐち》を言っても始まりません。お客様のほうも、みな防衛に入っているわけです。

たとえ、いくら資金が供給されて、「事業をやれ」と言われても、みな会社の将来を考え、老後の資金を考え、老後までお金を残せるかというようなことを考えたら、それほど簡単に消費に回せないでしょう。

もちろん、総理大臣が「ベースアップしてくれ」「給料を上げてくれ」と言ったら、経団連《けいだんれん》のようなところは一時期それに応じたように見せないといけないため、そうするとは思います。応じるように言わなければ、政府が財政投融資やいろいろな財政出動をしてくれないからです。

ただ、「実際に自分の会社がそうなるかどうかは分からない」ということは言うべきではありましょう。

そういう意味で、「厳しさの経営」も十分に知っておいたほうがよいと思います。

4　帝王学《ていおうがく》として必要な心がけとは

山一證券《やまいちしょうけん》で起きた、「経営者の甘《あま》さ」が招いた悲劇

先ほど人員整理の話もしましたが、経営者が甘《あま》いと、ギリギリの判断が最後に出てくることがあります。しかし、いちばん厳しくて悲劇的なのは、「それを最後の最後まで知らない」ということでしょう。

例えば、一九九七年に山一證券《やまいちしょうけん》が潰《つぶ》れたとき、「その日に会社が倒産《とうさん》することを知っていたのは、ほんの四、五人だった」と言われています。社長以下、財務担当者や一部の人、数名だけが「潰れる」ということを知っていたのです。その一方で、社員たちは健気《けなげ》にも倒産直前まで自社の株を買い続けて、買い支えよう

としていたという話があります。

そして、若い人は知らないでしょうが、山一の社長が泣きながら、「社員は悪くありません。悪いのは私たち経営者のほうです」というような涙《なみだ》の記者会見をしました。

これは、普通《ふつう》、よいことを言っているように見えるかもしれません。ただ、世《せ》間《けん》からは笑いものになったのです。

つまり、「経営者が涙を流してお詫《わ》びをしたら許してくれると思っているのか。甘いな」ということでしょう。泣きながらお詫びの会見をして、「私たちが悪いんです。社員は悪くありません」と言っても、許してくれないのが世間の厳しさです。

「経営が厳しいのは当たり前で、そのなかで損失隠《がく》しをして生き延びて、景気が回復するのをただ待っていたのだろう。『何年かしたら景気が循環《じゅんかん》する。三年もしたら景気循環があって、よくなったら、またその損失をいくらでも取り返すことができる』と思って損失を飛ばして、社員には知らせずにやっていたのだ。本当に厳しい状況《じょうきょう》を知らせずにごまかして、何人かの胸に納め、景気が回復したら元通りに返すということで、損失の飛ばしをやっていたのだろう」というようなことでしょう。

アメリカ・サブプライムローン問題の背景に働いていた欺瞞《ぎまん》

ただ、アメリカでは、サブプライムローン問題のときに、もっとひどい規模のことが起きました。「一千万円ぐらいの家しか買えないような人が、三千万円の家でも買えるような夢のプラン」に大統領まで騙《だま》され、呑《の》まされたわけです。

つまり、損失隠しのために、あの手この手の金融《きんゆう》工学を使い、収入がないのに家が買えるとか、お金を返せないのに、それが分からないとかいうような操作をしました。「延々と損失を付け替《か》え、飛ばし続けたら分からなくなる」というような金融工学を使ったのです（注。サブプライムローン問題は、二〇〇八年のリーマン・ショックによる世界金融危機の原因となった）。

これは要するに、日本の宮澤《みやざわ》政権（一九九一〜一九九三年）のときの「資産倍増計画」と同じでしょう。「庭付きの土地が、安く東京都内に持てるようになる」というようなことだったのですが、「本当かな？」と思ったら、何のことはなく、全部が暴落しただけでした。

やはり、「当たっているのかな」と思いつつも、「おかしいな」と思うところは本当におかしいわけです。収入がない者は買えないのが普通であり、収入がないのに買えるのならば、どこかに欺瞞《ぎまん》や詐欺《さぎ》が必ず働いているでしょう。そこにはごまかしがあるわけですが、一時期はごまかせても、何かがどこかで好転しないかぎりは、その部分は取り返すことができないのです。

経営者は、いつ、いかなるときでも油断はできない

山一證券が潰れたのは一九九七年のことですから、今では、その記憶《きおく》がない若い人のほうが多くなってきているとは思います。

ただ、当時は、私の子供が小学生で塾《じゅく》に通っていたころでもあり、某《ぼう》塾の先生が「山一の社員の子ばかりが、いきなり十五人もやめた」と言ったという話を聞き込《こ》んできました。

やはり、会社が潰れるとなったら、塾もやめなければいけないようなことが、波及《はきゅう》して起きてくるわけです。「会社の危機」から「塾の危機」が始まったりすることもあるのでしょう。

そういうことはよくあって、お金をかけて教育し、よい学校へ行って卒業しても、就職ができなかったり、就職した会社がすでにピークを迎《むか》えていた会社で、

その後潰れてしまったりするようなことなど、いくらでもあるわけです。

とにかく、信じられないようなことがたくさん起きた、この二十年ではありました。

ある意味で、安全なものはなくて、「今は非常に好調だ」と言っても、それは、「〝棺桶《かんおけ》に入る前〟かもしれない」ということは知っていなければいけないでしょう。

今はそれほどではなくても、ここから伸《の》びてくる会社もあると思いますし、どこが伸びてくるかは簡単に分かることではありません。また、今、調子が悪くて、そのまま潰れてしまう会社もたくさんあります。あるいは、今は成功しているものが、次の失敗の種になってくることもあるわけです。

さらに、自分としては、事業がうまいこと当たって成功していると思っていても、もっと大きなものが狙《ねら》っていることもあります。

要するに、「カマキリが小さな昆虫《こんちゅう》を狙っているけれども、カマキリを狙っている鳥がいて、その鳥を狙っている猟師《りょうし》がいて……」という感じで、もっともっと強いものが狙っていることがあるわけです。

ともかく、「成功してうまくいっていると思っている人が、油断して、背中に目がついていない状態になると、そういうこともある」ということは知っておかなくてはいけません。

やはり、「成功・失敗」といっても、物事には両方あります。成功のなかにも「失敗の種」はあるし、失敗のなかにも「成功の種」はあるので、とにかく心を引き締《し》めていくことです。「いつ、いかなるときにも油断召《め》されるな」ということを言っておきたいと思います。

幸福の科学大学の不認可に関する、「東大生」と「総長」の考え方の違《ちが》い

それから、「経営トップの思っていること」と「なかにいる人たちの考えていること」は違《ちが》うことがけっこうあるのだということは、知っておいたほうがよいでしょう。

これは企業《きぎょう》だけではありません。

例えば、昨年（二〇一四年）、当会は幸福の科学大学の設置認可を申請《しんせい》していましたが、文科省との折り合いも悪くて不認可になりました。

また、〝騒《さわ》いだ〟分だけ全国的によく知られることになってしまい、いろいろな人が、幸福の科学のことはあまり知らなくても、「不認可」のことだけは知ってしまったようなところもあります。

それに関して、先般《せんぱん》、私が学生局の筋《すじ》から聞いた話によると、当会の信者で、

東大で一生懸命《いっしょうけんめい》、伝道し、批判されたり抵抗《ていこう》されたりしていた人だろうと思いますが、不認可のニュースを知った東大生たちが、その人の周りに集まってきたそうです。そして、「大学の不認可、おめでとう！」と言われたというのです。

私は、その話を聞いて、「はあ、東大もそんなふうになったか」と思いました。「不認可になって、おめでとう」という言葉を使ってよいと思っている人が、一人ではなくて複数いるということを聞きましたが、それは、ある意味で、「傲《ごう》慢《まん》になっている」ということでもあります。もちろん、今まで伝道していた人に対する面当《つらあ》てというような面もあるのでしょう。

しかし、「不認可になって、おめでとう」と言う学生を抱《かか》えている大学の総長のほうは、大川隆法のところに年賀状を出してきたりしているわけで、全然違うところを走っているような状況です。

つまり、「総長が考えていること」と「学生が考えていること」は違うということです。

総長や学部長は、文科省から大学予算をどんどん削《けず》られて減っているため、国立大学法人として資金集めをしなければいけなくなり、「寄付をお願いします」という感じで一生懸命にやっているわけですが、学生のほうは驕《おご》っているような状況で、まだまだ、あぐらをかいてやっているところがあるのです。

「傲慢《ごうまん》さ」には何らかのかたちで揺《ゆ》り戻《もど》しが来る

別に、これ自体をどうこう言うつもりはありません。そのようなレベルのことは、小学校あたりからたくさんあるだろうと思いますので、どうということはないのです。

ただ、「社会的な礼儀《れいぎ》を欠《か》いており、うぬぼれていて分からないような人たちがたくさんいるのだ」ということは、知らなくてはいけないでしょう。

それが長年の文部科学行政による、多額の資金をかけて教育した結果であるならば、まことに情けないことであるし、そういう人たちが役人や政治家、あるいは、会社の社長などになっていくのかと思うと、実に残念です。

やはり、人間の情が分からないような人を育てているのであれば、教育において大きな間違いがあるのではないか、ということを感じました。

一方、信者ではない人たちからも、「不認可が出たというのは、実にひどい結果でしたね」「まことに許しがたいことだ」というような言葉が寄せられてくることもありますので、人の考え方にはいろいろあるものだと思います。

しかし、気をつけないと、あぐらをかいている者は、自分のほうも十分、危なくなっていることを知らずに、喜怒哀楽《きどあいらく》をストレートに出して、他人《たにん》様にばら撒《ま》いていることがよくあります。

したがって、どうか、「成功しているときや、お金が儲《もう》かっているとき、収入があるときなどに、傲慢《ごうまん》になって、収入がなくなっている人や失業している人を見下したり、あるいは、会社が大きくなっているときに、潰れていっているところを見下すようなことを公言したり、相手を傷つけたりするようなことは、してはならない」ということを、知っておいたほうがよいと思います。

いずれ、それは、何らかのかたちで揺《ゆ》り戻《もど》しが来るでしょう。「そうした揺り戻しが、組織体に来る場合も、個人に来る場合もあるのだ」ということは知らなければいけないと思います。

「無名時代や貧しかった時代の気持ち」を忘れてはならない

人間として成長して、リーダーになっていくために大事な心がけの一つとして、「若くて、無名で、貧乏《びんぼう》であることが、成功の原動力になった」というようなことを言う人がいると、何度か話した覚えがあります。

また、「初心忘るべからず」という有名な言葉もあります。

若いうちから恵《めぐ》まれた家庭もありますが、たいていの人は、ほとんどの場合、「若いうちは無名であるし、地位もなければ、お金もない」というかたちであろうと思います。

これから努力して勉強し、あるいは、社会的な身分を獲得《かくとく》して仕事で成功し、引き上げてもらって出世していって、やっと、お金も手に入れば、家族も養えるようになり、また、人を指導するような立場になったり、人をお助けするような仕事ができるような身分になったりしていくわけで、最初のうちは、たいていの場合、そうではなかったはずです。

もちろん、最初から恵まれた人もいるとは思います。しかし、そうした恵まれた人であっても、人生の過程・途中《とちゅう》では、いろいろな危機を経験するのが、一般的には普通なのです。

やはり、神様が創られた運命計画のなかには、いろいろな計画があって、「『名門』といわれる大企業に勤めているから安心だ」と思っていると、何か仕事上の失敗が起きて、突如《とつじょ》、左遷《させん》を受けたり、クビを切られたり、タイトル（肩書《かたがき》）を剝《は》ぎ取られたりするようなこともあれば、あるいは、家族の問題が起きたり、家族に病人が出たり、死ぬ人が出たり、自分自身が病気になったりすることもあります。

また、「自分がエリートコースを走っている」と思ったら、業界のほうが大編成・統廃合《とうはいごう》されて、会社そのものが吸い込まれていったときに、「自分の運命がどうなるか」など、もうそれは分かりません。「一年後は、どうなっているか」も分からないようなことだってあるわけです。

人生を通して、「うまくいく」とは言えない時期が必ず来ることはあるので、そうしたときのことを考えると、自分が無名であり、身分もなく、収入もなく、人からの信用もなかった時代のことを、やはり原点として忘れてはならないし、もし、そのような立場に立ったことがない人であるならば、人生行路の途中で、そうした経験をすることもあるでしょう。

それは一時的なことかもしれませんが、そうした経験をすることによって、他の人が経験してきたことや原点として持っているところについて、思いを馳《は》せる力を持っていかなければいけないわけです。「それが分からないようになったら、人間はおしまいですよ」ということは述べておきたいと思います。

私は、一般に、成功した人々が力を誇示《こじ》すること、つまり、政府が勧《すす》めるような消費をどんどんしてくれることは、景気理論から言えば、よいことだとは思っていません。出世してお金を儲けた人はきちんと使ってくれないと、日本経済も世界経済も支えられないので、それはそれで結構であり、そうしてほしいと思います。

ただ、時折、無名時代や貧しかった時代に、「自分は、どのような気持ちで勉強しようとしていたか」、あるいは、「仕事をしようとしていたか」ということを振《ふ》り返って、初心を思い出さなくてはいけないのです。

たとえ、十万人、二十万人の大会社にまでなったとしても、最初は小さいところから、いろいろと苦労しながらやってきたときの気持ちを持っていなければいけないし、不況期になって、社員を大量解雇《かいこ》しなければいけなかった経験があったことなどのつらさを、忘れてはいけないところはあるわけです。

5　無駄《むだ》を排《はい》し、「ぜいたく」を捨てよ

まず「自分たちでできることは何か」を考えよ

これから潰《つぶ》れかかる会社も出てくると思いますが、単なる「他からの救済」ばかりを願ってはいけません。自分たちでできることは、自分たちでまずやらなければ駄目《だめ》です。突如《とつじょ》、政府の方針もあって、「銀行がどんどん融資《ゆうし》して助けてくれる」というような調子のいいこともあるかもしれませんが、そうした状況《じょうきょう》ばかりが来ると思ってはなりません。「自分たちでできることは何なのか」ということを、やはり考えなければいけないのです。

したがって、まずは「無駄《むだ》な部分がないかどうか」を考え、無駄金を使ってい

るところがあれば、そこは抑《おさ》えなければいけないし、本来ならば収入が出ていなくてはいけない部分で出ていないなら、それは収入を上げるべく頑張《がんば》らないといけないわけです。

新入社員は「給料分だけ働けばよい」わけではない

また、先ほど述べたように、熟練工というか、長く働いた人は給料も地位も高くなっているので、経営効果から見れば、あるいは、人事や財務のほうから見れば、「給料の高い人に辞《や》めてもらえば、本当に楽になる」というように見えることもありますが、「新入社員は給料が安いから」といって、全部が新入社員になっても、それが戦力になるわけではありません。

新入社員には、毎月、二十万円ぐらいの給料を払《はら》っているとすると、二十万円の給料で、年間二百数十万円、ボーナスを入れると三百万円ぐらいは出ているかもしれません。

そのように、新入社員を三百万円ぐらいのコストと見ているかもしれませんが、実際のコストは三百万円ではないわけです。その人には、研修の費用もかかっていれば、会社のフロアの面積分の家賃もかかっていれば、机やパソコンも与《あた》えていれば、光熱費や水道料金もかかっています。あるいは、会社全体の運営コストの一部も、やはり、その人の一人分だけかかっています。

また、新入社員が一人いると、先輩《せんぱい》上司はマンツーマンで、付きっきりで教えなくてはいけない状態になります。そのように付きっきりで教えるのであれば、もうほとんど自分の仕事はできないので、「人が一人分、減るのだ」というようなことを言う人もいました。

以前、聞いた話では、三菱《みつびし》商事のようにお金がたっぷり儲《もう》かっていて、余裕《よゆう》綽々《しゃくしゃく》に見えるような伝統のある会社でも、やはり、「十人いる課で、新入社員を一人受け入れるのがやっとだ」というようなことでした。

私は「ずいぶん渋《しぶ》い話をするな」と思っていましたが、「新入社員を一人入れたら、人一人分消える」「ベテランが一人、ほぼ使えなくなるので、実際は、新入社員の給料分だけの損ではなくて、そのベテランの働く分が消えるのだ」と言っているわけです。

そのため、「課に新入社員一人は入れられるが、二人は入れられない。二人入れると、もう〝真っ赤《か》っか〟の赤字になってしまう。二人だと課が赤字になってしまうので一人入れるのが精いっぱいで、一人も毎年は入れられない。ときどき一人入れて、その人が二、三年して戦力になってきたら、次の一人を入れられる」というようなことを、三菱商事の人が言っていました。

「あれほど儲かっていても、そう言うのか。なかなか〝渋《しぶ》ちん〟だな。〝岩崎弥《いわさきや》太郎《たろう》の遺伝子〟というのは、けっこうキツイなあ」と感じ、「ほかの会社はどうなるのだ」と思いました。

世の中には、機嫌《きげん》よく、新入社員が千人も入るようなところもあります。それは戦力になっていないのに、それだけ入れているわけですから、損が出ているのやら、利益が出ているのやら、少し分からないところがあります。

そのように、だいたいの場合は、新しく人を入れても、その人が給料、あるいはコストに見合い、会社のほうが利益を取れるようになるには、普通《ふつう》は三年やそこらはかかります。最低でも、トントンになるのに三年、明らかにプラスというか、会社のほうに利益還元《かんげん》してくれるようになるには、五年ぐらいかかるものなのです。

つまり、「三年ぐらいは〝お荷物〟というか、経費のほうが実は先行している」という状況が普通であるわけです。その状態を知らずに、新入社員や二年目ぐらいの人は、「給料が安い、安い」と言って、だいたい騒《さわ》いでいるのが普通ですし、上のほうは上のほうで、「全然、働かないなあ」とか、いろいろ言っているのが普通ではあるのです。

そのようなわけで、会社によっては、厳しい局面を迎《むか》えそうになってくると、新入社員等に早く成長してほしいので、「即《そく》戦力になるような人材が欲《ほ》しい」と言ったり、「人材を即戦力で使えるように育てたい」と言ったり、いろいろな圧力がかかってくるわけです。

したがって、「自分がもらっている分だけ働けばよいのだ」と思うなら大間違《おおまちが》いで、新入社員は二百万円や三百万円しかもらっていないかもしれませんが、そうであっても、実際は、一千万円以上の貢献《こうけん》がなければ、実は一人分の働きになっていないわけです。

「現場部門」は本社のコストまで支えている

当会で言えば、「支部の運営費」といっても、すでに建物が建っていれば、「家賃も要《い》らないし、光熱費と水道費と、コピーマシンの紙代等、備品を買ったり、飲み食いしたりする、ちょっとしたお金が要るぐらいかな」としか思っていないかもしれません。

しかし、「支部の必要収入のなかには、本部でいろいろと支えている人たちのコストの分まで支える部分が乗っているのだ」ということを、知らなければいけないわけです。ですから、自分のところ単体で、「黒字だ、黒字だ。これだけ黒字が出ている」などと考えるなら、間違いだということです。

会社でも、「本社が三万人とか、五万人とかいうような会社になると、だいたい危ない」「本社ビルの大きいものが建ったら、潰れる前兆あり」と、よく言われています。

それは、営業部門ではないところに大きなお金をかけても、営業部門は、「その部分まで背負わなくてはいけない」ということを分かっていないことが多く、「自分のところは利益が出ている」と思っており、一方で、本体・本社の部分は、その見てくれがよければ、「ああ、会社が大きくなったな。立派になったな。よかったな」というぐらいで、おめでたく終わっていることが多く、「現業部門にそれだけの負荷がかかる」ことを、十分に理解していないことがよくあるのです。

その意味で、現場部門、営業部門などに、人が本社から削《けず》られて出されていくと、今度は本社が大きいことについて、「なぜ、こんな大きな本社を建てたのだ」とか、「買ったのだ」とか言われるようなことになったりするわけです。そのあたりが難しいところかと思います。

教団の構造を変えるために行《おこな》った「総合本部の移転」

当会にも、紀尾井町《きおいちょう》ビルのような、日本一家賃が高いところに総合本部が入ったときがありますが、「非常によいビルだ」ということで、みんな転職して来てくれました。

また、地方から「研修」と称《しょう》して本部に来て、帰らずに溜《た》まっていく人がかなり増え、気がつけば、職員の四割から五割近くが総合本部に溜まっているような状況になりました。「研修のためにいる」と言って、みんな居座《いすわ》っていたのです。

そのため、「これでは、たまらない」ということになり、「ここを出るから」と言って急に紀尾井町ビルを出て、総合本部を戸越精舎《とごししょうじゃ》（東京都品川《しながわ》区）に移したら、みんな「ギャフン」という感じで大騒動《おおそうどう》になったのを覚えています。

発想の転換《てんかん》で、「戸越精舎であれば買えるので、いいよ」と言ったら、職員が急にギャフンとなり、「そうさせまい」と、必死の抵抗《ていこう》をされたことがありました。

紀尾井町ビルというのは東京の紀尾井町にあるので、職員から、「紀尾井町の近所の赤坂《あかさか》、乃木坂《のぎざか》辺りの土地を買って、そこに総裁公邸《こうてい》を建てますから、紀尾井町ビルは、そのまま使わせてください」というような交渉《こうしょう》をされたので、こちらも、「総裁を餌《えさ》で釣《つ》ろうとするのか。そうはいかないぞ。考え方に間違いがあるから、もう一回、ローコストで経営する経験をしなさい」というようなことを言って、やらせたのです。

当時（一九九六年）、栃木《とちぎ》県に総本山《そうほんざん》を建てており、投資をかけていたので、「間接部門のところを少し引き締《し》めなくてはいけない」というようなこともあって、そうした体験をしてもらったのですが、やはり、あの大きな紀尾井町ビルに、意気揚々《いきようよう》と通っていた気分から、戸越精舎のようなところに急に入ったときの、カクンと落ちた感じはすごかったらしくて、組織抵抗はそうとうなものがありました。

しかし、この組織抵抗を越《こ》えなければ、「田舎《いなか》の精舎で働く」とか、「支部で働く」とかいうようなことには、そう簡単に耐《た》えられないはずなので、教団の構造を変えるためには、そういうことをやった覚えもあります。

最初のころは、やや、幹部に大会社から来た人が多かったために、一等地の一流ビルのようなものに、すごくこだわる気《け》がありました。私のほうは、「レンタルであれば安くできる」と思って、レンタルで支部や地方本部などを借りるように言っていたのですが、そうしたレンタルでも、一流ビルのいちばんいいフロアのようなところを借りる気がすごくありました。

ところが、「誰《だれ》も人は来ていないのですけれども」ということで、自分たちで、「この大広間をどうやって埋《う》めようか」などと考え、電話台ばかり、たくさん置いたり、机をたくさん入れたりして、空間を埋めるようなこともありました。

ですから、前の職場のカルチャーというのは、それほど簡単に消えるものではないのです。

経営レベルで見た「新しい建物」の意味とは

また、教団の初期には、「職員が仕事ができない」ということもあって、新しい支部を建てて、「いい支部を建てた。さぞかし信者が増えただろう」と思って、「支部に来る人はどのくらいいますか」と訊きに行くと、「そうですねえ、一日平均二・五人ぐらいですかね」と言うくらい、支部を建てたものの、全然、信者が来ていなかったのです。

例えば、夫婦《ふうふ》で支部を運営していたところでは、誰も来ないものだから、「昼間から抱《だ》き合っていた」とか、そのような話もありました（笑）。

私の父、故・善川三朗名誉顧問《よしかわさぶろうめいよこもん》が生きていた時代ですが、支部を視察に行ってみると、「夫婦がソファで抱き合って、ルンルンしていた」というのです。

そこで、善川顧問が「おまえたちは、昼間から何をしているのだ。そんなことは、夜にやりなさい」と言うと、「いや、誰も来ませんから、大丈夫《だいじょうぶ》です」などと答えるので、「大丈夫ではなくて、勤務態度の問題だろう。お客が来ないのは、仕事ができていない証拠《しょうこ》じゃないか。人が来れば、そんなことはやっていられないだろう。昼間から奥《おく》さんと愛し合うのは結構だけれども、いいかげんにしなさい。せっかく自前の支部を開いたのに、あなたは何を考えているのだ。支部を開いたら、レンタルのときよりも、もっと来てもらわないといけないだろう」というように説教したという話をしていました。

そのように、「誰も来ないので」というわけで、支部を〝有効利用〟していたような話もあり、私もそれを聞いて、カクッときたのを覚えてはいます。「職員というのは、目を離《はな》せば、こんなふうに考えるんだなあ」と思ったわけです。

その職員にしてみれば、「信者さんは誰も訪ねてこないので」と思っていて、「訪ねてくれれば法話《ほうわ》ビデオを観《み》せるだけだけど、誰も来ないので暇《ひま》だから」というような感じでしょう。そのように、職員が家庭のリビングを延長したようなつもりで、支部でリラックスし、ゆっくりしていたようなこともあったようです。

こうしたことは、上の人が聞くとガックリはくるものの、現場の人は、意外に何とも思っておらず、「いや、支部は本当に勉強がよくできる環境《かんきょう》です」とか、「支部は誰も来ないので、よく勉強がはかどります」とか、「精舎へ行っても、本当に閑静《かんせい》で、瞑想《めいそう》が進み、心境が上がりました」とか言うわけです。

それは「誰も来ていない」という意味なのですが、週末しか人が来ないために、「静かで閑静な環境で、心が澄《す》み切って、悟《さと》りが進んだような気がする」というようなことを平気で言う職員も、以前はいたのです。「それがどういうことを意味しているか。経営レベルで何を意味しているか」ということを、まったく考えていない証拠でしょう。つまり、「教団が集めたお金を使って建物を建てた」というだけで終わっているわけです。

しかし、「それを建てた」ということはどういうことかを考えなければいけません。それは、「それ以前よりも、信者教育ができたり、参拝者《さんぱい》が増えたり」というように、いろいろな意味で、信者づくりに貢献できなければいけないわけであって、そうしたことは当然のミッションでしょう。

これは会社で言えば、「お金が貯《た》まったので、工場を建てました。人事異動の辞令が出て工場に配属になりました。工場に来たけれども、何もすることがないので、毎日、掃除《そうじ》だけしていました」というような状況でしょう。

例えば、工場を開いてから、三カ月後ぐらいに社長が視察に来て、「君たちは、何をしているのか」と訊《き》くと、「『とにかく整理整頓《せいりせいとん》が大事だ』というので、一日中、掃除だけやっています」。そして、「製品はつくっていないのか」という問いに対して、「どのような製品をつくるかについては、これから上層部で決めるのではないでしょうか」などと答えてきたら、やはり社長はカクッとくるだろうと思います。

「華美《かび》」や「自己顕示《けんじ》」に流れず、実業をしっかりするべき

昔、松下電器（現パナソニック）から当会に職員として来た方から、次のような話を聴《き》いたことがあります。

私がその人に対して、「松下電器には工場がたくさん建っているし、なかなか上手に経営をしているのでしょうね」というようなことを言ったら、「先生、そんなことはありませんよ。松下電器の工場は遠くから見たらいいのですが、近くから見たらボロボロです。トタンでできていて、下のところに穴が開《あ》いてネズミ

が通れるようなボロボロの工場がたくさんあります。そんな安いところでも建て直さずに製品をつくり続けていますし、徹底的《てってい》に経費をかけずに、ボロ工場でやっていますよ。台風で被害《ひがい》を受けても、もとがかなりのボロになっていますので、そんなに大きなダメージではないと思います」という話でした。

私はその話を聴いて、「ああ、そんなものか。経営の神様の幸之助《こうのすけ》さんは、けっこう厳しいことをやるのだなあ」と思いました。

こういう面がありますので、もし経営がうまくいっていても、全体に考え方が華美《かび》に流れていたり、一流意識のようなものが自己顕示《けんじ》に流れていたりするような場合は、気をつけないといけないと思います。

特に、大企業《きぎょう》を辞めて新しく創業されたような方には、一流意識にこだわる方が多いのです。まだ儲かってもいないのに、いいところにオフィスを出したり、給料が高い従業員を雇《やと》ったり、ソファや応接間をリッチにしたりすることだけには、ものすごく力を入れる人もいます。

しかし、やはり、「実業のほうがしっかりしなければならない」ということは、知ったほうがよいでしょう。

「弟子《でし》力」「部下力」をつける際の注意点

今、当会では、「弟子《でし》力をつけよう」ということを言って回っているのですが、それは、そんなに簡単に分かることではないのです。

それは会社で言えば、「部下力をつけよう」ということでしょう。ただ、「部下力をつけよう」と言って回っても、それを分かってくれるほど、部下は優秀《ゆうしゅう》でもありませんし、自分たちはそんなに報《むく》いられていると思っていないのが普通です。

そのため、そこまでの企業文化をつくるのは大変なことです。つまり、「親の心、子知らず」が一般《いっぱん》の状態であると思います。

また、上のほうの人たち、つまり所属長や、多くの人の目に見えるところにいる人たちは、幸之助さん的に言えば、「血の小便が出る」などと言われるほど、「もう、これ以上は働けない」と思うぐらい働いていても、下の人は、「そんなのは当たり前だ」と思うのが普通であり、むしろ、上の人がサボっているようなところはよく見ているものだということを、知ったほうがよいでしょう。

そのあたりの美学の部分は難しいのですが、いずれにしても、「悪いことは伝染するが、よいことはそう簡単には伝染しない」ということでしょう。

6　失敗を言うこと、とがめることの難しさ

「言行一致《げんこういっち》」や「報告・連絡《れんらく》・相談」が大事である理由

それから、全体的なことですけれども、「言行一致《げんこういっち》」も大事なことです。現実には、「上の人が日本語的な建前《たてまえ》の言葉を言って、下の人が生半可《なまはんか》に聞いている」というような状態が多いでしょうが、それはあまりよいことではありません。上の人が「言行一致で、言ったことをキチッとやってのける」という習慣を持っていないと、下の人もそのようにはならないわけです。

最初は、「率先垂範《そっせんすいはん》」ということが言われるのですが、だんだんできなくなることでもあるので、時折、「自分が何を考えているのか。何をしているのか」と

いうことを理解してもらうためのコミュニケーションも大事でしょう。

特に、中間管理職などに多いのでしょうが、「自分は会社に貢献《こうけん》している。よく働いている」と思っているのに、周りから、そのように理解されていない方はわりあい多いと思うのです。

その場合は、何がいちばん問題なのでしょうか。

「自己顕示《けんじ》をすればいい」ということを言っているわけではありませんが、組織における仕事では、みんなが自分のやっていることをきちんと適正に見てくれているかといえば、そんなことはないのです。「それぞれの人がみな、適正に判断してくれている」と思うのなら、それは間違《まちが》いです。

やはり、昔から「報《ほう》・連《れん》・相《そう》」と言われるように、「報告・連絡《れんらく》・相談」の部分がキチッと行き届いているかどうかが極《きわ》めて大事なことです。

要するに、「報告・連絡・相談」がまったくなされていない仕事は、たまたま分かることや目につくことがあっても、その人一人が個人でやっている個人プレーであるわけです。よく言えば、「自分の手柄《てがら》を見せずに無私《むし》の心でやっている」ということになりますが、悪い言葉で言うならば、「いざミスや失敗したときの用心のために、報・連・相をしていない」ということもありえるわけです。

「自分はこんなことをしています」とか、「失敗しました」とか、「成功しました」とかいちいち言わない理由は、万一《まんいつ》のときに責任を取らされないために、誰《だれ》がやったか分からないようにしておくためであることも多いわけです。

「ワシントン大統領の美談」のように、ミスや失敗を告白できるか

正直に、「私のミスでこうなりました」と言うのは、そんな簡単なことではないのです。私もそれは分かりますし、実際にそうだろうと思います。

ただ、みんなに失敗を見られてしまった場合はしかたないでしょう。みんなの

前で失敗した場合は、隠《かく》しようがありません。私もそのような失敗をしたことも数多くありますし、そのような恥《はじ》をかいた話をいろいろと語ったこともあります。

また、みんなに失敗を知られているわけではない場合としては、ジョージ・ワシントンの伝説的な話があります。「桜の木を切ったのは自分だと父親に告白した」ということが美談として伝わっています。

一般《いっぱん》的には「あの話はつくり話だろう」と言われてはいますし、そのようなことを言える人は、そんなにいるわけではないでしょう。要するに、アメリカ人でも言えないから、それが美談になっているのだと思います。

「桜の木を切った」と言えば、父親に怒《おこ》られるのは当然のことなので、言わないのが普通《ふつう》でしょう。それをあえて言ったので、ワシントンは逆に父親にほめられることになりました。しかし、実際に失敗したら、なかなかそのように言えるものではありません。

「社長のゴルフクラブを割ってしまった」という失敗体験

私にも、失敗を言えないことは、たくさんありました。

私の会社時代の話ですが、ニューヨークで勤務していたときに、社長が部長と一緒《いっしょ》にゴルフに行くので、社長のゴルフクラブが財務・経理部のところに置いてありました。そのため、社員たちが「どんなクラブを持っているのか」と思ってジロジロと見ていたのですが、私はそれを遊びで床《ゆか》にポンポンと落としてみたのです。

ところが、当時の職場であったワールドトレードセンターは頑強《がんきょう》にできていて、床が意外に硬《かた》かったのです。絨毯《じゅうたん》を敷《し》いているところであれば、傷《いた》むはずはありませんが、ワールドトレードセンターの床は意外に頑強でした。私がウッド（ゴルフクラブの一種）を持って床にポトンと落としてみたら、それが単なるウッドではなく、グラスファイバーのようなもので、落とした瞬間《しゅんかん》にヒビが入ってしまったのです。

そのとき、周りにいた同僚《どうりょう》や先輩《せんぱい》たちの顔色が、一瞬、サッと変わったのが、私には見えました。

さて、その後、大川隆法は、「ジョージ・ワシントンの桜の木の話」と同じように、社長に対して、「私が、あなたのいちばん大事な飛距離《ひきょり》を伸《の》ばすためのクラブにヒビを入れました」と自白しに行ったでしょうか。みな、一瞬、凍《こお》りついたようになって見ていましたが、私はどうしたでしょうか。

実は、知らん顔をしました（会場笑）。もはや縁《えん》のない会社であるので、申し訳なくも自白します。

あえて言えば、「そのくらいで割れるクラブが悪い。ほんの三十センチぐらい落としただけではないか。こんなことでヒビが入るような二流品を使っている社長が間違っている」という気持ちでしたが、そのようには言わず、内心、「これは粗悪品《そあくひん》だな」と思って知らん顔をして、その場をやり過ごしました。

ただ、誰かに密告された可能性はあります（笑）。その場には先輩もいましたので、もし社長が、「なぜ、これにヒビが入っているのか」と訊《き》いた場合には、誰かが密告した可能性はあると思います。

自分の失敗を正直に言うことは難しい

いずれにしても、わざわざクラブを持って、「私が割りました」と言いに行くことはできませんでした。

やはり、そういう行為《こうい》は難しいものです。「自分の失敗を人に言う」というのは、なかなかできないことだと思いました。

その日から、すでに三十三、四年もたっているのに、たまに、このようにポロッと出てくるところを見ると、やはり、どこかに良心の痛みがあるのでしょう。

私は、遊びで社長のウッドを持って、試《ため》しに二、三十センチぐらい上から落としてみたのですが、それは、「社長がどのようなものを使っているのか」という興味があったからです。

つまり、私も素人《しろうと》なりに何回かゴルフのコースに出たことがあるので、「どんなものかな」と思って床にパタッと落としてみたわけです。それでバリバリッとヒビが入ってしまったのですが、世の中にそんな〝ちゃちなもの〟があるとは信じられませんでした。

もちろん、アイアン（ゴルフクラブの一種）であればヒビは入らないでしょう。同じようにウッドも木なので割れないと思ったのですが、ウッド（木）ではなく、ガラス製のファイバーのようなもので、落としたらヒビが入ってしまい、ショックを受けました。これは無知による失敗でしょう。

いまだに、私のなかには、そのことを告白しなかった罪がかすかに残っています。それゆえ、天上界《てんじょうかい》に還《かえ》るためにも、それについて言っておきたいと思っているわけです（笑）（会場笑）。

私は、そのウッドの値段が幾《いく》らしたのかは知りません。かなり高かったのかもしれませんが、社長の収入であれば、買い換《か》えることは可能であったと思います。それから、私がそれを割ったとき、周りの人たちが、「おまえ！」と叫《さけ》んで目を丸くしたことは知っていましたし、彼らにそのあとの言葉が出なかったことも知っていました。そのため、「大変なことをやったらしい」ということは分かっていたわけです。

その後、私は、〝お沙汰《さた》〟が来るかどうか、ジッと待っていたのですが、特に何も言われませんでした。ただ、どこかで密告をされている可能性はあったと思っています。

それもあって、ワールドトレードセンターは土日が休みなので社員は出勤しませんが、私は土曜日も警備員にきちんと社員証を提示して、会社がある四十階まで上がっていき、残務の片付け等をしていました。

それは、その失敗のためではありませんが、無料で半日ぐらいはよく働いていました。その意味で、「〝ペイ〟はした」と信じています。

このように、失敗はよくあるものだと思いますし、それを正直に言うのもなかなか大変なことです。

「トータルで見る寛容《かんよう》さ」を持たないと人材は使い切れない

また、これと同じく、「人の失敗をとがめるのも難しいことなのだ」ということも知っておかねばならないと思います。

人の失敗を指摘《してき》して直してあげることも大事なのですが、言いすぎると相手が傷つくこともあるので、それを知っていながら受け容《い》れることも大事です。

やはり、人には癖《くせ》がありますし、多少の欠点はあるものです。しかし、それがあるために、「この人は駄目《だめ》だ」というような感じで、全部を否定することがあります。

例えば、その人の親兄弟などを理由にする場合です。同じ会社に兄弟で入ったため、「お兄さんはこんなことで失敗したから、おまえもそうなのではないか」という感じで言われれば、やはり不本意なところがあるでしょう。

そのように人は個人個人で違いますので、もし欠点が目についたとしても、長所のところも含《ふく》めてトータルで見るだけの寛容《かんよう》さを持っていないと、人材は使い切れないわけです。

例えば、材木を使うにしても、納入されたときに、それに傷が入っていたり、腐《くさ》っていたりする部分がある場合もあるでしょう。そのときに、「これは腐っているではないか」「ここが腐っている。こんなものは使えない」「ここに木の芽があるから、駄目ではないか」とか、「こんなものは、持って帰れ」というような言い方もあろうかと思います。

しかし、その材木の実際に使う部分は、ある程度決まっていて、それ以上は使わないこともあります。例えば、長い材木であるため、使わなくても済む部分や、捨てても構わない部分があるのであれば、どこかに傷《いた》んでいる部分があったからといって、その材木が全部駄目だとは言えないでしょう。

会社で決められている「規律」をどのように見るか

同じように社員のなかにも、いろいろな問題がある人はいると思います。

そのため、厳格な法の適用というわけではありませんが、社員を厳罰《げんばつ》に処する会社があるかもしれません。

例えば、会社には規律があるわけです。そのなかで、「週末の打ち上げのときは、課のみんなでお酒を飲みに行っても構わないが、平日にそんなことをしてはならない。個人の友達関係や人間関係で会わなければいけない場合や、商売で会わなければいけない場合にお酒を飲みに行くことはよくても、課全体をあげて、平日にパーティーを行うようなことがあっては相成《あいな》らない」という社則があったとしましょう。

それであれば、普通は金曜日の夜でなければ、課全体でお酒を飲みに行けないことになります。ただ、その社則に反して、それを平日にすることもあるかもしれません。

あるいは、「昔、ある人がお金をごまかしたことがある」というようなこともあるかもしれません。そういうことは、銀行などであればよくあるでしょう。

例えば、最後の一円が合うまで、支店長がむきになって全員を帰さないことがあります。そのように収入と支出を合わせて、きっちり帳簿《ちょうぼ》をつけることもあるわけです。

ところが、それが面倒《めんどう》くさいため、自分の財布《さいふ》から一円を出して、「これでよいことにしましょう」と言うような人も出てくるかもしれません。

そうしたことでも、まともに見つけたら、普通は怒らなければいけないことでしょう。「銀行員たるものは、一円も軽視してはならない。一円がすぐ消えてしまうような職場は許せない」というようなことを言う人もいるでしょう。

確かに、それを怒っても構わないとは思いますが、昔そういうことがあったからといって、その人が課長になるぐらいの年代になっても、「あいつは一円をごまかしたことがある人間だから、絶対に信用できない。使えない」などと、あくまでも考え続けるのは、やはり、少し問題があるわけです。人間ですから、そういう失敗をすることはあるかもしれませんが、許さなければならないこともあるでしょう。

本来の使命から見て、命令に背《そむ》かなければいけないときもある

若い人は知らないかもしれませんが、昭和四十年代以降、銀行では業務のオンライン化が行われました。大手銀行のほとんどは、大型コンピュータを入れた業務を開始したのです。

当時のコンピュータ会社の売り文句《もんく》は、「これで人を削減《さくげん》できます。経費削減になり、業務が推進できます」というもので、それで銀行はオンライン化したものの、実際は、「コンピュータ要員を採用しなければいけなくなり、人員増加で経費増になる」という〝インチキ商品〟ではありました。その大型コンピュータも、今は「夢の島」のゴミとなってどこかに埋《う》もれているのか、再利用されているのかは知りませんが、みな駄目になったはずです。そのような時期がありまし

た。

また、例えば、二〇〇〇年に第一勧業《かんぎょう》銀行と富士《ふじ》銀行と日本興業銀行が合併《がっぺい》したときに、「三行《こう》合併し、新しいシステムを構築して行うため、今までの手書きの伝票は全部捨ててよろしい。今後は、すべてコンピュータで行うから、捨てるように」という指示が、本部から出たことがあるのです。

実は、これが大失敗でした。要するに、三行合併したため、お客様の資料がミッシング（紛失《ふんしつ》）になってしまい、分からなくなった部分が出てしまったわけです。それで大騒動《おおそうどう》になり、上の責任まで取らされる事件が起きたことがありました。

ただ、そういうときでも、賢《かしこ》い老練な支店長がいるところでは、「上は、『伝票はすべて消去せよ。捨てろ』と言っているが、どんな事故が起きるか分からない。だから、上の命令には反するけれども、万一、お客様に迷惑《めいわく》をかけるようなことが起きた場合に困るから、一カ月間は何としても死守して保管せよ」と、上の命令を聞かず、銀行員の勘《かん》として資料を隠し持っていたようです。

そこだけが顧客《こきゃく》からの信用を完全に維持《いじ》することができ、言われたとおりにポッと捨てたところは、その後、大混乱となり、大騒動に巻き込《こ》まれた時期があったと思います。

そのように、上からの命令に対する違反《いはん》だったとしても、最終的な目的から見て、「顧客の信用を維持し、顧客の金銭《きんせん》を守る」という使命があるために、「やらないといかん」と思い、自分の判断で体を張って守ったことで結局、出世したような人もいました。

ですから、「本来のミッションや、お客様第一主義の観点から見たら、たとえ上の命令であっても、聞かずにやらなければならない」と思われるものもあるわけです。その場合は怒られるかもしれませんが、あえて受けなければいけないものもあるでしょう。これも難しいところです。

7　帝王学《ていおうがく》をマスターするための「寛厳自在《かんげんじざい》さ」

項羽《こうう》のエピソードが示す「下が上を諫《いさ》める」ことの難しさ

前述したように、上の命令に反して聞かないのも難しいことですが、その逆もあって、今度は、「下が上を諫《いさ》める」というのも、また難しいことではあります。

このようなことについては、昔の中国の古典にも出ています。だいたい、参謀《さんぼう》あたりは、将軍や大将を諫めたり諫言《かんげん》したりするようなことが仕事ですが、やはり、命懸《いのちが》けの仕事です。場合によっては首が飛んでしまいますから、なかなか、そんなに簡単にできることではありません。

もし、項羽《こうう》将軍のようなきつい人の部下だった場合には、現実に、諫言したら油の釜《かま》に入れて煮殺《にころ》されるようなこともありうるわけであり、諫言するのも大変ですから、もう、黙《だま》っているに越《こ》したことはありません。怖《こわ》い人に対しては「くわばら、くわばら」で、本当は何も言わないのがよいのです。

「せっかく、要衝《ようしょう》の地の都《みやこ》を押《お》さえたのに、ここに次の都を築かなくてどうしますか」と項羽に進言した人がいましたが、項羽は、「いや、戦《いくさ》に勝ったのに、郷里《きょうり》にこの錦《にしき》を飾《かざ》らずしてどうするか。それは、夜に錦を着るようなものだ。『勝った、勝った』ということを、楚《そ》の国に帰って、みんなに知らしめる必要があるから、都は移さない。いつものほうに戻《もど》して、勝っただけでよろしい」というようなことを言ったのです。そのときに諫言をした人は、あとで、「『沐猴《もっこう》にして冠《かん》す』と言うけれども、そのとおりだ」と話していたことが項羽に伝わってしまいました。

これは、少々失礼な言い方かもしれませんが、つまりは、「猿《さる》が冠《かんむり》を被《かぶ》っているだけだ」という意味であり、そのような言い方をした人は油釜《あぶらがま》で煮殺されています。「油釜のなかに入れて煮殺す」というのはたいへんな恐怖《きょうふ》ですが、そういうことをされたわけです。

本当なら、「ここは要衝の地であり、天下を治めたかったら、ここに都をつくらなければ駄目《だめ》だ」という進言を項羽は聞かなければいけなかったにもかかわらず、「いや、ふるさとに錦を飾りたい」という気持ちが止まらず、聞き入れなかったため、それを言った人が項羽を批判し、煮殺されてしまいました。

上の人にそのような諫言をすることは、もう本当に命懸けで、昔から難しいことなのですが、やはり、名将や大宰相《だいさいしょう》、名君といわれた人々は、そうした諫言をよく受け容《い》れる力があった人たちなのです。

諫言《かんげん》に対しては「人情」ではなく「公性《おおやけ》」の立場から考える

最初に述べたように、初期の事始《ことはじ》めというか、初心のときには、「自分はまだ何も成していない」「自分は、単なる一兵卒だ」「クーデターが成功してのし上がってきただけで、まだまだ大したことはない」と思っていた人も、大きくなり力を持つようになってから、謙虚《けんきょ》さを忘れて傲慢《ごうまん》になってくると、諫言《かんげん》を聞けなくなります。そのようになると、自分より立場が下の人の意見をまったく聞けなくなったり、「若い人とは話が合わない」などということを言ったりする人も多いのですが、そうなってきたら、やはり危険度が高くなってきています。

確かに、「最終的に自分の判断を変えない」というのは大事なことでもありますし、「ブレない」のも非常に大事なことですし、意見を言う人を遠ざけたくなるのは、やはり人間の情としては普通《ふつう》のことでしょう。それでも、自然の人情に反して、「言っていることに公性《おおやけ》がある」「公の立場から見て、それは大事なことだ」と思ったら、自分の耳に痛いことであっても、それを受け容れる度量をつくるように心がけることも、「帝王学《ていおうがく》」の重要な部分なのです。

名宰相や名君になった人には、こうした意見を受け容れる度量を持った人が多かったと思います。

それは、やはり、自分の成功したことばかりを自慢するのではなく、失敗したことに対する反省の思いや、足りざるところを常に謙虚に見返す気持ちがあるから、そういうことができるわけです。

「自分は完璧《かんぺき》で、誰《だれ》よりも優《すぐ》れている」ということだけを吹聴《ふいちょう》しなければ人を抑《おさ》えられないのであれば、他人の意見など聞けないのが普通でしょう。

上の立場の人に必要な「諫言《かんげん》を取り入れるかどうかを判断する目」

ただし、他人の意見を聞く耳を持っているといっても、あまりに人の意見を聞いていると、今度は優柔不断《ゆうじゅうふだん》となり、「あの人は、人の意見に振《ふ》り回されて、自分というものがない人だから、頼《たよ》りない」と、逆に言われることがあるので、この兼《か》ね合いがとても難しいのです。

人の意見を聞くにしても、「偽《にせ》の情報でもつかませたら、そのとおりに動いてしまう人だ」と思われるようになったら、これはまた危ないことです。

賢《かしこ》く巧妙《こうみょう》な部下などが、「あの人には、こういう情報をつかませておけば、たぶんこうするだろう」ということを予測し、コントロールする人まで出てくる恐《おそ》れがあります。情報の枢要《すうよう》の地位に長くいる人をコントロールしようとしたら、そういうこともできます。

したがって、人の意見を聞くことも大事ですが、聞いてはならない部分もあるのです。意見を言ってもらっても構いませんが、それを聞いてはならない部分、聞いても考えを変えない部分も要《い》るわけです。この両方を持っていなければいけません。

この「寛厳自在《かんげんじざい》さ」がとても難しいところで、この部分をマスターできれば、一つの「帝王学」をかなり習得したと言えるのですが、なかなかそう簡単にできるものではありません。

それは、実際に、その立場になってみれば分かることです。社長の立場になっても、部下が言ったとおりに「はいはい、そうですか」と、全部できるような社長がいるかと言えば、いはしません。しかし、「部下がまったく意見を言ってくれないようになり、自分だけの判断でしていたら失敗しない」という社長もいません。

だからその両方難しいことなのであり、聞くべきものは聞き、聞くべきでないものは聞かない、つまり、話としては聞くけれども、それを「取り入れる場合」と「取り入れない場合」とを判断する目が大事なのです。

松下幸之助《まつしたこうのすけ》の言葉を言い訳に、試行錯誤《しこうさくご》していた教団初期

私も、若いころは経験が足りなかったので、「いろいろな人が意見を言うが、それらを聞くと、それは本当にもっともなような気がする。別の人の意見を聞いたら、それもっともっとものような気がする」ということで、考え方をよく変えることも多かったのです。

しかし、考え方を変えることが多いと、頼りないわけで、「先生は若いので、考え方をよく変えるけど、ずいぶん頼りないな。自分の見識はないのかな」と言われるようになるわけです。「人の影響《えいきょう》を受けやすい。自分の考えがないのでは

ないか」というように見る人も出てきます。実に情けないことではありますが、それでも、いろいろな意見を言ってもらわないと困るので聞いていると、「人の意見に動かされやすい」と怒《おこ》られるわけです。

ところが、聞かないでいると、今度は独裁者のように言われるので、どちらも難しいところがありました。

しかし、若いうちは、意見を聞き、「こうすべきだ」と考え、自分で断を下《くだ》すだけの知識・経験がなかった面も多かったため、ある意味では動かされているように見えたり、「動かせる」と思ったりする人も多かったのでしょう。

ただ、経験を長く積んでいくと、意見を言われても、それを「聞く部分」と「聞かない部分」とに分ける力がだんだんついてきます。

若いうちは、これがいちばんの悩《なや》みでした。三十代前半などは特にそうで、教団を始めて最初の数年は知らないことや経験していないことが多く、分からなかったのです。

ですから、年上の先輩《せんぱい》たちが部下として働いてくれているなか、意見をいろいろと言われると、「そうかもしれないな」と思うことが多く、それらを取り入れてそのとおりにしたら、今度は笑っていたりすることもあり、なかなか老獪《ろうかい》な人も多くて難しいところがありました（笑）。

自分としては柔軟《じゅうなん》にしているつもりでいても、「よくコロコロ変わる」などと言われるので、松下幸之助《まつしたこうのすけ》氏の言葉を引用したりしたこともありました。

例えば、「日に百転《ひゃくてん》す」とか、「君子は豹変《ひょうへん》する」とか、「『朝令暮改《ちょうれいぼかい》』では遅《おそ》すぎる。『朝令昼改《ちゅうかい》』だ」などと言っているので、そうしたものを引用して、「松下幸之助は『朝令昼改』と言っている。朝に言ったことと違《ちが》うことを夕方になってから言う『朝令暮改』ぐらいでは、イノベーションが遅すぎるんだ。朝に言ったことを昼に変えるぐらいの速さが要《い》るんだと、幸之助さんでさえ言っているんだから、『朝令昼改』なんだ」と言っていましたが、実際は、定見《ていけん》がないだけだったかもしれません（笑）。

「次の情報が入っていないから困った」と思って変えているだけで、本当は試《し》行錯誤《こうさくご》しているだけなのですが、ものは言いようです。松下幸之助氏の言葉も、年を取ってから言われたもののはずですが、あんな方でもよく考え方を変えていたので、「自分は『朝令昼改』なんだ」と言って、言い訳をしていたわけです。これは、ある意味での言い訳ですが、相手を黙らせる言い方ではあろうと思います。

創業者の経営手法を捨てて衰退《すいたい》していった松下《まつした》電器

その松下幸之助氏の経営手法を捨てた人として、後継者《こうけいしゃ》のなかの一人である中《なか》村邦夫《むらくにお》さんという人がいます。松下《まつした》電器（現パナソニック）をV字回復させ、アメリカ流経営をしたときには、松下幸之助の言葉のなかから、「日に新た」を使っていました。

「幸之助学を勉強している者のなかでは、私がいちばんの信奉者《しんぽうしゃ》だ。特に、『日に新た』という言葉がいい。日に日に新たにということで、とにかく毎日がイノベーションなんだ。『日に新た』という言葉を、幸之助先生は大事にしていたんだ」というようなことを言って、今までのやり方を捨て、変えてしまいました。

松下幸之助氏が使った言葉を使い、「『日に新た』が創業者の心なのだ」と言って、「朝令昼改」どころか、次々と変えてしまったのです。確かに、やり方はいろいろあります。「日に新た」だったら、もともとのやり方は全部なくなります。

それで、結局、V字回復はしたものの、今度はそれが、松下電器の衰退《すいたい》する原因にもなってしまいました。技術者が流出してしまい、辞《や》めてしまったのです。

温情経営、家族経営で、ずっと「人」を大事にして引っ張り、育てていた面があったのに、それが、半期どころか四半期（三カ月）ごとの業績で判定し、人員を削《けず》ったり辞めさせたりするようなことをいろいろしていたら、だんだんと人はついてこなくなります。

人材がたくさん流出したら、技術が戻ってくるのはなかなか大変で、苦労なされたようですから、やはり、「創業者が考えたことには、ほかの意味もあった」ということです。そのあたりについては、いろいろと経験されたようです。

その人が社長になった当時、松下の経営学をすべて捨てようとしているように見えたため、「ザ・リバティ」（幸福の科学出版刊の月刊誌）に批判記事を載《の》せた覚えがあります。

「これでは、『経営の神様』に申し訳ないのではないか。アメリカ流の経営がすべてではないのに、四半期ごとの業績で判定するということであれば、今までつくってきた松下の経営哲学《てつがく》がすべて崩壊《ほうかい》するのではないか」といった批判を書きました。

ただ、その人が社長だった六年間に業績がV字回復し、表彰《ひょうしょう》されたりしたので、「私のほうが間違っていたのかな。経営については素人《しろうと》かもしれないから、余計なことを言うものではないな」と思い、反省したのですが、過ぎ去ってみると、案《あん》の定《じょう》、傾《かたむ》いていったのです。

当時、技術者が流出し、その後も技術力が戻ってこないのを見ると、やはり、捨てたもののなかには、「捨ててはいけないもの」もあったのではないでしょうか。

アメリカ的には、すぐに成果が出ることを求めるので、そういうことを行《おこな》ったのでしょうが、私もアメリカでの仕事を経験した上で、「ちょっとまずいのではないか」と思って言っていたわけです。

結局、「ああ、やはり、あれは完全に間違っていたわけでもないのだな」と、あとで思い直し、ホッとしたこともあります。

とにかく、偉《えら》くなってからも、他人《ひと》の諫言や意見、自分の不利になることを聞くのは、極《きわ》めて難しいことです。しかし、ある程度は受け容れなければいけないし、聞かないにしても、それを斟酌《しんしゃく》して、答えが出ない場合には、それを課題として持ち続けなければいけないわけです。

そのへんが難しいところで、本当につまらないことであっても、判断というのはとても難しい場合があります。

8　偉《えら》くなっても忘れてはいけない心がけ

説法《せっぽう》でのちょっとした言葉遣《づか》いに対する娘《むすめ》からの諫言《かんげん》

余談ついでに述べますが、昨年（二〇一四年）末に女優の武井咲《たけいえみ》さんの守護霊《しゅごれい》霊言《れいげん》を収録しました（『時間よ、止まれ。――女優・武井咲とその時代――』〔幸福の科学出版刊〕参照）。

その際、最後のほうで、ちょっと私も気が緩《ゆる》んだのか、「咲ちゃん」などと言ってしまったところがあるのですが、あとでその映像を観《み》た幸福の科学学園の女子生徒のなかには、私が「咲ちゃん」と言った瞬間《しゅんかん》、サッと冷たい空気が張り詰《つ》めて、引いていた人がたくさんいたようです。そのことを学園生の娘《むすめ》が諫言《かんげん》してきたのです。

「親しみを込《こ》めて、たまたま一言《ひとこと》、『咲ちゃん』と言ってしまったけれども、そのくらいはいいじゃないか」と言いながらも、「やはり失敗したかなあ」と思いました。

霊言が終わったあとに油断して、最後にちょっと言ってしまい、自分でも「まずかったかな」とは感じつつも、その他の箇所《かしょ》では言っていないし、「まあ、このくらいは許してもらえるかな」と思っていたのです。

しかし、「先生は、私たちにはそれほど気持ちをかけてくれていないのに、外部の人にはそこまで親しみを感じるんですか」と思う人がいたことを聞くと、親の立場としては、娘に「そんな細《こま》かいことを言うものではない」と、いちおう強がってはみたものの、自分でも、一瞬、「まずかったかな」と思ったことは事実なので、やはり〝警戒《けいかい》〟すべきだったかもしれません。

「『咲ちゃん』じゃなくて、『武井さん』と言いなさい」などと娘に説教され（笑）、「『武井さん』では、話も全然面白《おもしろ》くないじゃないか」と思いつつも、そう言うわけにもいかず、グサッとトゲが刺《さ》さったまま、今日もまだ抜《ぬ》けていません（会場笑）。

すでに二千三百回以上も人前で説法《せっぽう》をしていても、こういう失敗はあるわけです。

そのようにブスッと刺されると、「やはりそうか。聴《き》く側からすれば、そういうこともあるだろう。すでに大人になっていて、何も思わない人もいるだろうけれども、彼女と同世代の人から見れば、『なんで〝ちゃん〟なわけ？』と、クエスチョンがつく場合もあるのだな」と思いました。いろいろなところに目配《めくば》りしているつもりでも、まだ配り切れていないところがあるわけです。

これは、経営全体とは関係がないような話ではありますが、上の立場の人がそういう意見を言われた場合、「そんなものは大したものではない」と開き直ったとしても、「以後、多少は気をつけなければいけないな」と考えることもあるでしょう。私も、そう感じるような感性は持っています。

そのように、人間、いろいろな意見を言う人の話も多少は聞かなければいけないのです。

人によって見方が大きく異なる「大川隆法」評

今、述べたこととは逆の場合もあります。

若いころ、幸福の科学には年上の幹部が多く、いろいろと意見を聞いていたため、「先生はコロコロと人格が変わって、あまりはっきりしない。変化が激しい人だ」と言われたこともありました。

その一方で、中途《ちゅうと》で入ってきた職員のなかには、私がよく、「新しいことをして、新規にイノベーションをして変えるのだ」などと言っても、キョトンとして聞いている人がいて、「先生は、何もしないで、ずっと同じままでやっている」というようなことを言うので、「あれ？　そうだったかなあ」と思ったこともあります。

それは財務系の人でしたけれども、ちょうど教団初期の活動が一段落し、貯蓄《ちょちく》をしている時期だったので、財務のほうでは、とにかく貯《た》める仕事以外には、特に何も仕事がなかったのです。その人は、ただただ貯めるという仕事だけをしていたため、「先生は何も新しいことをしない人だ」というように見ており、「そういうふうに見られるような時期にもなったのかな」と思い、こちらもキョトンとしたことがあります。

本質はブレなくても、新しい情報に基《もと》づいて変化していく面も大事

また、幸福実現党のある幹部が出した本のなかに、こんなことが書いてありました。

そこには、「自分は若いころから大川総裁にお仕えしたけれども、大川総裁は絶対にブレない人だ。ブレたのを見たことがない」などと書いてあったのです。それを見て、「ええ？　この人は初期のころからいたが、こちらはブレまくっていたはずなのに、おかしいなあ。『総裁は全然ブレない』なんて書いている。これは建前《たてまえ》か。あるいは何かのゴマすりか。それとも本心か。この人にはそう見えたか。うーん……」と、いろいろと考えるところはありました（笑）。

確かに、政治のほうについては、幸福実現党を立ち上げて以降、言っていることはブレていません。外から見れば、ずっと一貫《いっかん》していて、ブレていないでしょ

う。

また、二十数年前に行われた私の講演ビデオを観た人からは、「先生は、幸福の科学の最初期である一九八七年の講演会から、今と同じことを説いていますよ」と言われることもあります。

「今言っているようなことを、二十数年前にもはっきりと言っていましたよ。『宗教改革をします。教育改革をします。政治改革をします』ということを最初から言っていて、今、そのとおりにしているだけで、まったくブレていません」と言われると、「ああ、そうかもしれないな」と思います（一九八七年第二回講演会「愛の原理」）。

そのように、「ブレている」と言う人もいれば、「ブレていない」と言う人もいるのですが、おそらく両面あるのでしょう。何を見るかによって、そう見えるのだろうと思います。

要するに、〝骨〟のところを見ればブレていないようにも見えるし、〝骨〟ではないところを見ればブレているようにも見えるのでしょう。人はいろいろな意見を言ってくださり、それぞれ参考になるところもあります。

ただ、ブレるブレないは別として、年を取れば取るほど、人間は固まってくるので、あまり考えが変わらなくなることはあります。ただ、堅物《かたぶつ》になって考えが固まってしまうというのは、あまりよいことではありません。

本質的なところや大きな方針が変わらないことは大事なのですが、まったくブレないからいいというわけでもないのです。新しいことを吸収しない、あるいは変化しようとしないということは、「もう古くなった」ということにもなりかねないので、気をつけたほうがよいということです。

したがって、七、八割は、ブレることなく、基本的な骨組みがあったほうがよいとは思うのですが、二、三割ぐらいは、やはり新しい情報に基《もと》づいて変化していくような面を持っていなければいけません。そういう面を持たずに、「若いもんが何を言うとるか」というような感じで話を聞かず、はねつけすぎては駄目《だめ》なのです。

若くても、いいことを言う場合もあります。

ちなみに、私も若いころには、いろいろと意見を言って進言し、取り入れていただいたものだったのです。昔、社会人になったころは、若いにもかかわらず、いろいろなことをガンガンと言って、ずいぶん受け容《い》れてもらったほうでした。そのときはうれしかったし、自分の成長につながったところもあります。

やはり、人の意見をまったく聞かないような、固まってしまった人間となり、「何を言っても無駄だ」と思われたら駄目かもしれません。

そういう意味での兼《か》ね合いは非常に難しいところです。

年齢《ねんれい》や地位が上がると、人の意見を聞かなくなる傾向《けいこう》がある

とにかく、年を取って偉《えら》くなり、地位ができたり、収入や名声が上がったりしていくと、だいたい、人の意見は聞かなくなり、自分の考えを曲げなくなります。

基本的には、そのようにならなければ本物ではないところもあるのですけれども、そうであっても、あえて、新しい情報を聞こうとしたり、自分より格下の人や若い人の意見も受け容れようとしたりと、目線を下げて、きちんと相手の立場に立って聞く耳を持っていなければ、やはり、時代に取り残されることになる場合は多いと、知っておいたほうがよいと思います。

その点は、私も常に自戒《じかい》しています。

まだまだ完成していないものではあるし、時折、意見を言ってくださる方もいるのですが、私の場合、基本的に、「若い人だから」と馬鹿《ばか》にしたりすることは

ないので、「そこだけは珍《めずら》しい」と言ってくれる人もいます。二十代や十代の方などが意見を言っても、きちんと聞いているのです。実際に聞いてみて、それが正しいと思ったら受け容れているし、変えるべきだと思う場合には変えることもあります。

しかし、当会の幹部たちも一般《いっぱん》の人も含《ふく》め、私ぐらいの年代になった人というのは、若い年代と何十歳《さい》も年齢《ねんれい》が開いていくにつれ、だいたい意見を聞かなくなるのです。そういう人たちを相手にせず、門前払《ばら》いにする傾向《けいこう》が強く出てくるらしいということを、私は知っています。

年齢《ねんれい》の上下を超《こ》えて学ぶべきものがある人はいる

ちなみに、また武井咲さんの話題で恐縮《きょうしゅく》ですが（笑）、家内《かない》が彼女のことを特集した本を買って見ていたので、少々拝借《はいしゃく》して読んでみると、そのなかに、いろいろな写真や文とともに、映画監督《かんとく》や共演者等からのコメントが載《の》っていました。私も彼女の守護霊霊言を録《と》ったので、「ほかの人がどんな感想を言っているのか」と思いながら読んでみたのです（前掲《ぜんけい》『時間よ、止まれ。』参照）。

それによると、「年上の人が『すごいなあ』と思うようなところを見せる人である」と書かれていました。例えば、香川照之《かがわてるゆき》さんのようなベテランの俳優でも、映画「るろうに剣心《けんしん》」（二〇一二年）で共演してみて、「あいつは化《ば》け物だ」などと言っているのです。二十歳《はたち》ぐらいの人に向けて〝化け物〟というのは、ほめ言葉として語っているのだと思いますけれども、それだけ器量が大きいと言っているのでしょう。

そういうものをチラチラと見たときに、「一流の人というのは、年齢《ねんれい》に関係なく、演技など、いろいろな才能を見たりするのだな」と感じるものはありました。

映画「愛と誠」（二〇一二年）を撮《と》った三池崇史《みいけたかし》監督も、最初に彼女を見たときは十八歳ぐらいだったはずなのに、「自分より年上かと思った。もう、びっくりした」というようなことを言っていました。

「こんな演技はとてもできまい」と思ったところを、「やってくれるか？」と言ったら、「はい」と答えてサッとやってのけたのを見て、「私より、よっぽど年上かと思いました」ということを述べておられたのです。

それを見て、「どの世界でも、年齢を超《こ》えて、その人の才能や器量等をいろいろと見るものはあるのだな」ということを感じました。それが分からないようでは駄目なのだと思います。

役者や監督が、自分に近い年齢の役者のことはほめても、自分よりずっと後輩《こうはい》の人になるとほめなくなって、腐《くさ》すだけというのでは、共演や監督もできなくなるのではないでしょうか。

やはり、年齢を超えて、相手のなかに見るべきものがあれば見たり、「自分がそのときはどうであったか」というようなことを比較《ひかく》してみたりする目は要《い》るのだと思いました。

そのようなわけで、「お叱《しか》りが来ることを警戒して予防線を張っている」と言えば、そのとおりです（笑）。

ただ、私は、「年を取った人だけに取り上げる価値がある」と思っているわけではなく、「年を取っても、若い人に学ぶことがあるのではないか」と思うところに光を当てたりしているのです。もちろん、その人に将来、危険性が一切《いっさい》ないとか、失敗や欠点がないなどと言っているわけではありません。「学ぶべきものがある人には、学ぶべきところがある」ということです。

十代でも、二十代でも、三十代でも、学ぶべきところのある人はいるし、年を取っていても学ぶべきでない人もいるし、人はいろいろだと見ているわけです。

今回、話をした内容のなかにも、「帝王学《ていおうがく》の築き方」が、一部、入っていると思います。まだ完成形ではありませんけれども、前回の『現代の帝王学序説』（前掲）よりは、もう少し大事なことというか、上のクラスになった考え方が一部、入っていると思いますので、何らかの勉強にしてくだされば幸いです。

あとがき

人は年齢《とし》をとって成功した自分に自信を持ってくると、耳に痛い話は聞きたくなくなる。こうして自然に周りはイエスマンの集まりになってくる。会社が順調の時にはそれでも何とかいく。しかし、いったん不況風が吹きあれたり、自社が社会的批判を受け始めると、心の準備もなく、考え方の用意もなく、あわてふためくことになる。

部下が諫言《かんげん》してくれなくなるほど偉くなると、今度は、週刊誌や新聞、TVなどで公然と悪口を言われるようになる。たいていの方は初めてのことが多く、切り抜けられず、挫折することも多い。へこたれずに言うべきことは言い、やるべきことはやり、自分に厳しくなる訓練を積むしかない。

それにしても、出世して謙虚になり、人の批判を受け止め、それでもブレないというのは厳しい心の修行である。

本書が危機の時代を生きるリーダーの心がけに、何らかの参考になれば幸いである。

二〇一五年　一月二十日

幸福《こうふく》の科学《かがく》グループ創始者兼総裁《そうししゃけんそうさい》

HSU（ハッピー・サイエンス・ユニバーシティ）創立者《そうりつしゃ》　大川隆法《おおかわりゅうほう》

『帝王学の築き方』大川隆法著作関連書籍

『智慧の法』（幸福の科学出版刊）
『現代の帝王学序説』（同右）
『「経営成功学」とは何か』（同右）
『時間よ、止まれ。――女優・武井咲とその時代――』（同右）
『項羽と劉邦の霊言 項羽編』（同右）
『「経営成功学の原点」としての松下幸之助の発想』（同右）
『忍耐の時代の経営戦略』（同右）
『智慧の経営』（同右）

帝王学《ていおうがく》の築《きず》き方《かた》
――危機の時代を生きるリーダーの心がけ――

2015年1月30日　初版第1刷

著　者　　大《おお》川《かわ》隆《りゅう》法《ほう》

発行所　　幸福の科学出版株式会社
〒107-0052 東京都港区赤坂2丁目10番14号
TEL(03)5573-7700
http://www.irhpress.co.jp/

印刷・製本　株式会社 堀内印刷所

落丁・乱丁本はおとりかえいたします

ISBN978-4-86395-636-0 C0030

大川隆法ベストセラーズ・HSUシリーズ

現代の帝王学序説

人の上に立つ者はかくあるべし

組織における人間関係の心得、競争社会での「徳」の積み方、リーダーになるための条件など、学校では教わらない「人間学」の要諦が明かされる。

1,500 円

実戦起業法

「成功すべくして成功する起業」を目指して

起業を本気で目指す人、必読！ 事業テーマの選択や人材の養成・抜擢の勘所など、未来の大企業をつくりだす「起業論」の要諦が、この一冊に。

1,500 円

イノベーション経営の秘訣

ドラッカー経営学の急所

わずか二十数年で世界百カ国以上に信者を持つ宗教組織をつくり上げた著者が、20 世紀の知的巨人・ドラッカーの「経営思想」の勘所を説き明かす。

1,500 円

危機突破の社長学

一倉定の「厳しさの経営学」入門

経営の成功とは、鍛え抜かれた厳しさの中にある。生前、5000 社を超える企業を立て直した、名経営コンサルタントの社長指南の真髄がここに。

1,500 円

※表示価格は本体価格（税別）です。

大川隆法ベストセラーズ・HSUシリーズ

財務的思考とは何か

経営参謀としての財務の実践論

資金繰り、投資と運用、外的要因からの危機回避……。企業の命運は「財務」が握っている！ ドラッカーさえ知らなかった「経営の秘儀」が示される。

3,000円

「経営成功学の原点」としての松下幸之助の発想

「商売」とは真剣勝負の連続である！「ダム経営」「事業部制」「無借金経営」等、経営の神様・松下幸之助の経営哲学の要諦を説き明かす。

1,500円

「実践経営学」入門

「創業」の心得と「守成」の帝王学

「経営の壁」を乗り越える社長は、何が違うのか。経営者が実際に直面する危機への対処法や、成功への心構えを、Q&Aで分かりやすく伝授する。

1,800円

青春マネジメント

若き日の帝王学入門

生活習慣から、勉強法、時間管理術、仕事の心得まで、未来のリーダーとなるための珠玉の人生訓が示される。著者の青年時代のエピソードも満載！

1,500円

大川隆法 ベストセラーズ・ビジネスパーソンに贈る

サバイバルする 社員の条件

リストラされない幸福の防波堤

能力だけでは生き残れない。不況の時代にリストラされないためのサバイバル術が語られる。この一冊が、リストラからあなたを守る!

1,400円

リーダーに贈る「必勝の戦略」

人と組織を生かし、新しい価値を創造せよ

燃えるような使命感、透徹した見識、リスクを恐れない決断力……。この一書が、魅力的リーダーを目指すあなたのマインドを革新する。

2,000円

ストロング・マインド

人生の壁を打ち破る法

試練の乗り越え方、青年・中年・晩年期の生き方、自分づくりの方向性など、人生に勝利するための秘訣に満ちた書。

1,600円

幸福の科学出版

大川隆法ベストセラーズ・人生に勝利する

常勝の法

人生の勝負に勝つ成功法則

人生全般にわたる成功の法則や、不況をチャンスに変える方法など、あらゆる勝負の局面で勝ち続けるための兵法を明かす。

1,800円

成功の法

真のエリートを目指して

愛なき成功者は、真の意味の成功者ではない。個人と組織の普遍の成功法則を示し、現代人への導きの光となる、勇気と希望の書。

1,800円

忍耐の法

「常識」を逆転させるために

人生のあらゆる苦難を乗り越え、夢や志を実現させる方法が、この一冊に──。混迷の現代を生きるすべての人に贈る「法シリーズ」第20作！

2,000円

Noblesse《ノーブレス》 Oblige《オブリージ》

「高貴なる義務」を果たす、
「真のエリート」を目指せ。

幸福の科学学園

中学校・高等学校（那須本校）

Happy Science Academy Junior and Senior High School

「私は、
教育が人間を創ると
信じている一人である。
若い人たちに、
夢とロマンと、精進、
勇気の大切さを伝えたい。
この国を、全世界を、
ユートピアに変えていく力を
出してもらいたいのだ。」

（幸福の科学学園 創立記念碑より）

幸福の科学学園 創立者

大川隆法

幸福の科学学園（那須本校）は、幸福の科学の教育理念のもとにつくられた、男女共学、全寮制の中学校・高等学校です。自由闊達な校風のもと、「高度な知性」と「徳育」を融合させ、社会に貢献するリーダーの養成を目指しており、2015年4月には開校五周年を迎えます。

Noblesse《ノーブレス》 Oblige《オブリージ》

「高貴なる義務」を果たす、
「真のエリート」を目指せ。

2013年 春 開校

幸福の科学学園 関西中学校・高等学校

Happy Science Academy
Kansai Junior and Senior High School

私は日本に
真のエリート校を創り、
世界の模範としたい
という気概に満ちている。
『幸福の科学学園』は、
私の『希望』であり、
『宝』でもある。
世界を変えていく、
多才かつ多彩な人材が、
今後、数限りなく
輩出されていくことだろう。
（幸福の科学学園関西校 創立記念碑より）

幸福の科学学園 創立者
大川隆法

滋賀県大津市、美しい琵琶湖の西岸に建つ幸福の科学学園（関西校）は、男女共学、通学も入寮も可能な中学校・高等学校です。発展・繁栄を校風とし、宗教教育や企業家教育を通して、学力と企業家精神、徳力を備えた、未来の世界に責任を持つ「世界のリーダー」を輩出することを目指しています。

幸福の科学学園・教育の特色

「徳ある英才」
の創造

教科「宗教」で真理を学び、行事や部活動、寮を含めた学校生活全体で実修して、ノーブレス・オブリージ（高貴なる義務）を果たす「徳ある英才」を育てていきます。

体育祭

天分を伸ばす
「創造性教育」

教科「探究創造」で、偉人学習に力を入れると共に、日本文化や国際コミュニケーションなどの教養教育を施すことで、各自が自分の使命・理想像を発見できるよう導きます。さらに高大連携教育で、知識のみならず、知識の応用能力も磨き、企業家精神も養成します。芸術面にも力を入れます。

探究創造科発表会

一人ひとりの進度に合わせた
「きめ細やかな進学指導」

熱意溢れる上質の授業をベースに、一人ひとりの強みと弱みを分析して対策を立てます。強みを伸ばす「特別講習」や、弱点を分かるところまでさかのぼって克服する「補講」や「個別指導」で、第一志望に合格する進学指導を実現します。

授業の様子

自立心と友情を育てる
「寮制」

寮は、真なる自立を促し、信じ合える仲間をつくる場です。親元を離れ、団体生活を送ることで、縦・横の関係を学び、力強い自立心と友情、社会性を養います。

毎朝夕のお祈りの時間

幸福の科学学園の進学指導

1 英数先行型授業

受験に大切な英語と数学を特に重視。「わかる」(解法理解)まで教え、「できる」(解法応用)、「点がとれる」(スピード訓練)まで繰り返し演習しながら、高校三年間の内容を高校二年までにマスター。高校二年からの文理別科目も余裕で仕上げられる効率的学習設計です。

2 習熟度別授業

英語・数学は、中学一年から習熟度別クラス編成による授業を実施。生徒のレベルに応じてきめ細やかに指導します。各教科ごとに作成された学習計画と、合格までのロードマップに基づいて、大学受験に向けた学力強化を図ります。

3 基礎力強化の補講と個別指導

基礎レベルの強化が必要な生徒には、放課後や夕食後の時間に、英数中心の補講を実施。特に数学においては、授業の中で行われる確認テストで合格に満たない場合は、できるまで徹底した補講を行います。さらに、カフェテリアなどでの質疑対応の形で個別指導も行います。

4 特別講習

夏期・冬期の休業中には、中学一年から高校二年まで、特別講習を実施。中学生は国・数・英の三教科を中心に、高校一年からは五教科でそれぞれ実力別に分けた講座を開講し、実力養成を図ります。高校二年からは、春期講習会も実施し、大学受験に向けて、より強化します。

詳しい内容、パンフレット、募集要項のお申し込みは下記まで。

幸福の科学学園 関西中学校・高等学校

〒520-0248
滋賀県大津市仰木の里東2-16-1
TEL.077-573-7774
FAX.077-573-7775
[公式サイト]
www.kansai.happy-science.ac.jp
[お問い合わせ]
info-kansai@happy-science.ac.jp

幸福の科学学園 中学校・高等学校

〒329-3434
栃木県那須郡那須町梁瀬 487-1
TEL.0287-75-7777
FAX.0287-75-7779
[公式サイト]
www.happy-science.ac.jp
[お問い合わせ]
info-js@happy-science.ac.jp

仏法真理塾

サクセスNo.1

未来の菩薩を育て、仏国土ユートピアを目指す！

仏法真理塾「サクセスNo.1」とは

宗教法人幸福の科学による信仰教育の機関です。信仰教育・徳育にウエイトを置きつつ、将来、社会人として活躍するための学力養成にも力を注いでいます。

サクセスNo.1 東京本校（戸越精舎内）

「サクセスNo.1」のねらいには、「仏法真理と子どもの教育面での成長とを一体化させる」ということが根本にあるのです。

大川隆法総裁　御法話『サクセスNo.1』の精神」より

塾生募集中!

幸福の科学グループの教育事業

仏法真理塾「サクセスNo.1」の教育について

信仰教育が育む健全な心

御法話拝聴や祈願、経典の学習会などを通して、仏の子としての「正しい心」を学びます。

学業修行で学力を伸ばす

忍耐力や集中力、克己心を磨き、努力によって道を拓く喜びを体得します。

法友との交流で友情を築く

塾生同士の交流も活発です。お互いに信仰の価値観を共有するなかで、深い友情が育まれます。

●サクセスNo.1は全国に、本校・拠点・支部校を展開しています。
●対象は小学生・中学生・高校生(大学受験生)です。

東京本校 TEL.03-5750-0747　FAX.03-5750-0737	高松本校 TEL.087-811-2775　FAX.087-821-9177
名古屋本校 TEL.052-930-6389　FAX.052-930-6390	沖縄本校 TEL.098-917-0472　FAX.098-917-0473
大阪本校 TEL.06-6271-7787　FAX.06-6271-7831	広島拠点 TEL.090-4913-7771　FAX.082-533-7733
京滋本校 TEL.075-694-1777　FAX.075-661-8864	岡山本校 TEL.086-207-2070　FAX.086-207-2033
神戸本校 TEL.078-381-6227　FAX.078-381-6228	北陸拠点 TEL.080-3460-3754　FAX.076-464-1341
西東京本校 TEL.042-643-0722　FAX.042-643-0723	大宮本校 TEL.048-778-9047　FAX.048-778-9047
札幌本校 TEL.011-768-7734　FAX.011-768-7738	仙台拠点 TEL.090-9808-3061　FAX.022-781-5534
福岡本校 TEL.092-732-7200　FAX.092-732-7110	
宇都宮本校 TEL.028-611-4780　FAX.028-611-4781	●お気軽にお問合せください。

全国支部校のお問い合わせは、サクセスNo.1東京本校(TEL. 03-5750-0747)まで。

メール info@success.irh.jp

エンゼルプランV

信仰教育をベースに、知育や創造活動も行っています。

信仰に基づいて、幼児の心を豊かに育む情操教育を行っています。また、知育や創造活動を通して、ひとりひとりの子どもの個性を大切に伸ばします。お母さんたちの心の交流の場ともなっています。

TEL 03-5750-0757　FAX 03-5750-0767
メール angel-plan-v@kofuku-no-kagaku.or.jp

ネバー・マインド

不登校の子どもたちを支援するスクール。

「ネバー・マインド」とは、幸福の科学グループの不登校児支援スクールです。「信仰教育」と「学業支援」「体力増強」を柱に、合宿をはじめとするさまざまなプログラムで、再登校へのチャレンジと、進路先の受験対策指導、生活リズムの改善、心の通う仲間づくりを応援します。

TEL 03-5750-1741　FAX 03-5750-0734
メール nevermind@happy-science.org

ユー・アー・エンゼル!（あなたは天使!）運動

障害児の不安や悩みに取り組み、ご両親を励まし、勇気づける、障害児支援のボランティア運動です。学生や経験豊富なボランティアを中心に、全国各地で、障害児向けの信仰教育を行っています。保護者向けには、交流会や、医療者・特別支援教育者による勉強会、メール相談を行っています。

TEL 03-5750-1741　FAX 03-5750-0734
メール you-are-angel@happy-science.org

シニア・プラン21

生涯反省で人生を再生・新生し、希望に満ちた生涯現役人生を生きる仏法真理道場です。週1回、開催される研修には、年齢を問わず、多くの方が参加しています。現在、全国8カ所（東京、名古屋、大阪、福岡、新潟、仙台、札幌、千葉）で開校中です。

東京校 TEL 03-6384-0778　FAX 03-6384-0779
メール senior-plan@kofuku-no-kagaku.or.jp

入 会 の ご 案 内

あなたも、幸福の科学に集い、
ほんとうの幸福を
見つけてみませんか?

幸福の科学では、大川隆法総裁が説く仏法真理をもとに、「どうすれば幸福になれるのか、また、他の人を幸福にできるのか」を学び、実践しています。

入会

大川隆法総裁の教えを信じ、学ぼうとする方なら、どなたでも入会できます。入会された方には、『入会版「正心法語」』が授与されます。(入会の奉納は1,000円目安です)

ネットでも**入会**できます。詳しくは、下記URLへ。
happy-science.jp/joinus

三帰《さんき》誓願《せいがん》

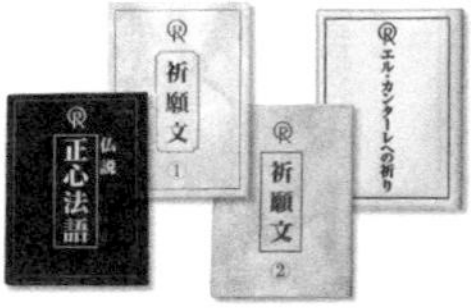

仏弟子としてさらに信仰を深めたい方は、仏・法・僧の三宝への帰依を誓う「三帰誓願式」を受けることができます。三帰誓願者には、『仏説・正心法語』『祈願文①』『祈願文②』『エル・カンターレへの祈り』が授与されます。

植福《しょくふく》の会

植福は、ユートピア建設のために、自分の富を差し出す尊い布施の行為です。布施の機会として、毎月1口1,000円からお申込みいただける、「植福の会」がございます。

「植福の会」に参加された方のうちご希望の方には、幸福の科学の小冊子(毎月1回)をお送りいたします。詳しくは、下記の電話番号までお問い合わせください。

月刊「幸福の科学」

ザ・伝道

ヤング・ブッダ

ヘルメス・エンゼルズ

INFORMATION

幸福の科学サービスセンター
TEL. 03-5793-1727 (受付時間 火〜金:10〜20時/土・日:10〜18時)
宗教法人 幸福の科学 公式サイト **happy-science.jp**